圖解系列

圖解
國際禮儀

● 黃淑敏、林秋卿 編著

圖解讓
國際禮儀
更簡單

五南圖書出版公司 印行

作者序 PREFACE

　　處於國際化及地球村的時代，人際之間往來頻繁，如何在與賓客接觸當下，讓自我的儀態表現更為得體，展現彬彬有禮的風範，以完美地落實國民外交，實已成為全球人重視的議題。

　　為提升國人的禮儀素養，近年來政府與民間均大力倡導國際禮儀活動，國際禮儀亦成為學術界所教授的重要課程，然而，坊間相關書籍多數僅利用文字陳述內容，忽略圖示的重要性。

　　一個圖像可以清楚地表達事物，不須用百字來說明；一個流程圖可以簡化的繁瑣過程，不須用冗長的文字來交待；一個表格可以清晰比較、對照概念，勝過繁瑣的文字敘述。

　　因此，本書採用圖解方式，以深入淺出、循序漸進的方式與通俗易懂的文字，凸顯重點。將每一個單元分為兩頁，一頁文一頁圖，左右兩頁互為參照化、互補化與系統化，將文字、圖表等生動活潑的視覺元素加以有效整合。以文字說明加上插圖進行示意，並置入反差行為的圖解說明，協助讀者對照正確、錯誤行為之間的差異之處。

　　其章節內容包含食、衣、住、行、育、

PREFACE 作者序

樂相關的生活禮儀，及商務、其他領域相關的應用禮儀，共為九章，依序為：第一章國際禮儀概論、第二章服飾與儀態、第三章說話禮儀、第四章電話禮儀、第五章書卡禮儀、第六章餐飲宴會禮儀、第七章其他一般禮儀、第八章各國文化禮俗及第九章國際會議禮儀等。

　　本書採用生動、活化學習為導向，以期引發學習動機與興趣。我們期待：這樣一個平易近人的國際禮儀工具書，能夠有效地、正確地傳達知識，激發讀者的理解與作更深入的思考。

黃淑敏、林秋卿　謹序

目錄 CONTENTS

CONTENTS 目錄

第4章 / 電話禮儀

第5章 / 書卡禮儀

第6章 / 餐飲宴會禮儀

目錄 CONTENTS

第7章 / 其他一般禮儀

第8章 / 各國文化禮俗

CONTENTS 目錄

第9章 ／ 會議禮儀

第 **1** 章 ／ 國際禮儀概論

　　科技發達，造就國無疆界的情形，各國人民相互往來頻繁，才發現各國各自擁有長久生活以來因人民慣用的禮貌及秩序而形成的「禮俗」。不過由於近年來不同國界人民往來頻繁，促使各國禮俗相互交流，逐漸發展出一套各國人民漸能接受與願意配合遵守的禮俗文化，我們稱之為「國際禮儀」。

本章重點

國際禮儀概論

UNIT 1-1 禮儀的意義及其重要性 (1)

一、什麼是禮儀

　　何謂禮儀？禮儀就是要人注重禮節及儀態，禮節指的是待人處世的規範，而儀態則是指一個人的儀表、姿態和風度。

二、禮儀型態

　　一般來說禮儀可以區分為基本禮儀及應用禮儀兩大類。基本禮儀探討與食、衣、住、行、育、樂等生活細項相關的禮儀，而應用禮儀則是因社會發展而逐漸衍生出來的，包含：工商服務禮儀、國際外交禮儀、社交禮儀、跨國會議禮儀。

三、禮儀的特點及特性

　　禮儀具有以下幾種特點，用以作為調和人際關係的行為規範：

1 實用性：禮儀為社會演進自然留存下來的為人處世之道，可以幫助人們消除矛盾及衝突，建立良好的互動關係，因此具有實用性。

2 成長性：禮儀由各國及各地區的風俗、禮節及生活規範逐漸發展而成，會隨著社會需求變遷而演化調整內容，所以有動態成長的特性，而非被塑造成形的。

3 約束性：禮儀非特定人士制定，而是由多數人民認可，約定成俗的行為規範，因此具有很強的約束力。

4 傳習性：各國、各地區的生活型態、文化風俗會因人們相互交流而相互影響、模仿及學習，因而彼此磨合適應，此一改變逐漸擴大後形成規範。

5 靈活性：禮儀雖源於以往，但並非一成不變，它會隨著時代及人民所需而有所調整，也會隨著情境及場合的不同而有所變化，故其具有豐富的靈活性。

6 族群性：禮儀由人們生活的風俗習慣及規範逐漸發展而來，各國、各地區因為生活習慣及社會發展不同，自然發展出適合該國、該地區不同的生活禮節，禮節隨著時間演變出不同的禮儀，可說禮儀具有族群性。

7 多元性：各國的禮儀是由當國各種族的文化演化並融合而成的，所以目前各國的禮儀具有多元特性。

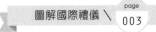

國際禮儀概論

• 什麼是禮儀

禮儀	禮節	▶ 待人處世的規範。
	儀態	▶ 一個人的儀表、姿態和風度。

- -

• 禮儀型態

禮儀	基本禮儀	▶ 食　　　▶ 行 ▶ 衣　　　▶ 育 ▶ 住　　　▶ 樂
	應用禮儀	▶ 工商服務禮儀 ▶ 國際外交禮儀 ▶ 社交禮儀 ▶ 跨國會議禮儀

- -

• 禮儀的特點及特性

禮儀的特點及特性	▶ 實用性 ▶ 成長性 ▶ 約束性 ▶ 傳習性 ▶ 靈活性 ▶ 族群性 ▶ 多元性

國際禮儀概論

UNIT 1-2 禮儀的意義及其重要性 (2)

一、禮儀的作用

① 相互尊重的作用：與往來的對象以禮相待，相互尊重、禮尚往來。

② 社會教化的作用：禮儀倡導人們依照規範調整行為，以維護社會正常運作，因此常有示範及糾正等教育行為出現，因此具有社會教化的作用。

③ 社會調節作用：當社會出現一些負面的狀況時，往往利用一些禮儀活動作為導正、調解的方法。

④ 美化形象作用：透過禮儀規範調整言行舉止，予人正面形象的印象，而良好及正面的形象便是一種美，因此可說禮儀具有美化形象的作用。

二、禮儀層次

　　因為「國際化」，加上服務業漸成為社會主流，因此國際禮儀逐漸受到重視，學習國際禮儀也蔚為風潮，不過學習國際禮儀可分為三種不同層次，每種層次對於國際禮儀的認識及體認程度不同。

① 知識性層次：意指僅透過研讀的方式，了解並熟知各國食、衣、住、行、育、樂各方面的禮儀知識，但是並未將所得知識應用於生活上。

② 實用性層次：禮儀意指針對個人生活面、社交面及工作面等規範，不過由於各國文化、風俗不同，自然衍生出不同且適合當地實用的禮儀型態，所以各國、各地區的禮儀內容各有不同。

③ 文化性層次：文化性意指將所學的風俗禮儀內化，並且於行為中表現，自然散發非凡的高雅氣質及展現彬彬有禮的行為，因此禮儀不僅具外表形式，也具沉穩內涵，使人感覺親切有禮，更易受人歡迎。

三、禮儀的重要

　　禮儀起源於社會的自然規範，受歷史傳統、風俗習慣、宗教信仰、時代潮流等因素影響，因此不同的社會、國家、民族因生活文化不同，自然形成不同的生活禮儀。

　　現今國與國、民族與民族間已不像以往閉門造車、壁壘分明，反而是互通有無，往來頻繁，所以為了避免引起不必要的誤會及困擾，認識及遵守他國的生活禮儀、融入他國的社會是不二法門，此也凸顯了禮儀的重要性。

• 禮儀的作用

禮儀的作用	
	▶ 相互尊重的作用
	▶ 社會教化的作用
	▶ 社會調節的作用
	▶ 美化形象的作用

• 禮儀層次

禮儀的作用		
	知識性層次	▶ 僅研讀，未將所得知識應用於生活上。
	實用性層次	▶ 由於各國文化、風俗不同，自然衍生出不同且適合當地實用的禮儀型態。
	文化性層次	▶ 將所學的風俗禮儀內化，並且於行為中表現。

• 禮儀的重要

現今地球，國與國、民族與民族間互通有無，往來頻繁，為了與他國人民相處得當，幫助彼此合作，認識及遵守他國的生活禮儀，融入他國的社會是不二法門。

UNIT 1-3 禮儀的意義及其重要性 (3)

國際禮儀概論

一、影響禮儀的因素

觀察各國禮儀的發展歷史可知，禮儀的演進主要受以下因素影響：
(1) 一般傳統禮俗；(2) 地方風土民情；(3) 國家或地區的文化背景；(4) 國家或地區的生活習慣；(5) 人們的宗教信仰；(6) 社會約定成俗的習慣；(7) 政府外交情況及策略；(8) 人民進行國與國間的旅遊及聯誼。

二、學習禮儀的態度及技巧

(一) 學習禮儀的態度包含下列幾點

❶ 進入任何國家抱持入境隨俗的態度。

❷ 表現於外的言行舉止均彬彬有禮。

❸ 承認文化多元並予以尊重。

❹ 言行合一不逾矩。

(二) 學習各國禮儀不應有的態度包含下列幾點

❶ 對自己國家的禮儀過於狂妄自大，卻輕蔑他國禮儀文化。

❷ 對自己國家的禮儀過於妄自菲薄，卻對他國禮儀文化盲從諂媚。

❸ 與人學習或討論禮儀時巧言令色、矯揉造作或表現得財大氣粗、低俗無品。

(三) 學習禮儀的技巧

良好的學習禮儀的技巧包含以下幾項：

❶ 良好的語言能力。　　❷ 彬彬有禮的儀態。

❸ 寬大有禮的氣度。　　❹ 增加旅遊見聞。

❺ 適應並接受多元文化。

小博士解說

了解禮儀的重要性、發展演進、層次、學習禮儀時應有的態度及技巧後，接下來就是付諸行動，親身實踐。俗話說：「坐而言，不如起而行」，唯有切實學習與實踐，才能真正讓學習禮儀的精神發揮，不但幫助自己處處顯露紳士、淑女風範，擁有好的人際關係，更能幫助國家整體形象大大提升。

- 影響禮儀的因素

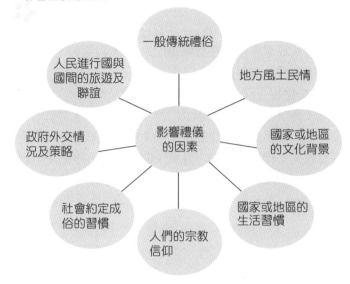

一般傳統禮俗

人民進行國與國間的旅遊及聯誼

地方風土民情

政府外交情況及策略

影響禮儀的因素

國家或地區的文化背景

社會約定成俗的習慣

國家或地區的生活習慣

人們的宗教信仰

- 學習禮儀的態度

學習禮儀的態度

▶ 進入任何國家抱持入境隨俗的態度。

▶ 表現於外的言行舉止均彬彬有禮。

▶ 言行合一不逾矩。

▶ 承認文化多元並予以尊重。

- 學習禮儀的技巧

學習禮儀的技巧

▶ 彬彬有禮的儀態

▶ 寬大有禮的氣度

▶ 增加旅遊見聞

▶ 適應並接受多元文化

▶ 良好的語言能力

國際禮儀概論

UNIT 1-4 國際禮儀的基本概念

　　所謂國際禮儀指的是各國人民為了往來和睦，用以作為互相往來時所必須遵守的生活規範。其最重要精神在於尊重他人、尊重環境與對一切生命的尊重，其次，重在表達有禮、友善與助人。

　　自古以來，各國及各地文化相互交流影響，促使一些禮俗逐漸形成國際化慣例，不過由於國際禮儀多源自於西方文明國家的傳統禮俗、生活習慣與經驗，所以了解西方文化及特質，尤其是與中國社會不同之處，可以幫助我們更容易了解國際禮儀的精神及規範，讓我們在國際社會中能自在悠遊不逾矩。以下將藉由解析國際禮儀（International Etiquette）相關名詞的意義，來了解國際禮儀的基本概念。

一、禮儀（Etiquette）

　　禮儀泛指生活禮儀（食、衣、住、行、其他）禮儀、外交禮儀、社交禮儀，其涵蓋禮俗、習俗、儀式、典禮、程序等。

二、禮俗、習俗（Custom）

　　泛指一地區或國家人民於生活中遵守且不斷重複的觀念或行為。這些觀念或行為非特定人士制定，而是受到大多數人們的認同，自然演變而成的。禮儀是禮俗文化的一環，許多禮儀是源自於禮俗。

三、禮賓（Protocol）

　　意指以禮招待賓客之意。在一些國家級慶典中，依據一定規則和慣例，對於與會的國際嘉賓進行座次等排列，以體現地主國的禮遇，這樣安排先後次序的動作稱為禮賓次序，而禮賓次序的排列方法主要有 3 種，包含：(1) 按身分與職務高低排列；(2) 按字母順序排列；(3) 按就職時間先後排列。

四、儀式（Formality）

　　意指在一些特定場合舉行，具有規範或專門程序的活動，例如：開幕儀式、獎勵儀式……等。

五、禮貌（Courtesy）

　　意指人們往來過程中表示敬重、友好的行為規範，如：尊老愛幼、遵時守約、真誠待客、禮尚往來等。

六、禮節（Manner）

　　意指人們在交際活動中待人接物的方式，如：拜會、致意等，禮節與禮儀一樣，多源自於禮俗的規範，爾後逐漸演變而成。

• 國際禮儀相關的名詞

國際禮儀相關名詞	▶ 禮儀
	▶ 禮俗、習俗
	▶ 禮賓
	▶ 儀式
	▶ 禮貌
	▶ 禮節

• 國際禮儀相關的名詞解析

國際禮儀相關的名詞解析	禮儀	▶ 泛指生活禮儀（食、衣、住、行、其他）、外交禮儀、社交禮儀。
	禮俗、習俗	▶ 泛指一地區或國家人民於生活中遵守被認同且不斷重複的觀念或行為。
	禮賓	▶ 指的是以禮招待賓客之意，被用於意指國與國往來之間，表示友好和敬意的一套禮儀規範。
	儀式	▶ 在一些特定的場和舉行，具有規範或專門程序的活動。
	禮貌	▶ 人們往來過程中表示敬重、友好的行為規範。
	禮節	▶ 人們在交際活動中待人接物的方式。

國際禮儀概論

UNIT 1-5 國際禮儀的應用及注意事項

　　近年來國際禮儀隨著時代不斷的改變，除了原本探討關於食、衣、住、行、育、樂及文化風俗等相關生活規範外，漸漸演化出符合時代所需的應用規範，包含應用於工商服務業、國際外交、社會交際、跨國往來及行銷公關等，以下將簡述各項應用禮儀：

一、工商服務禮儀

　　此類應用禮儀源起於工商社會的興起，可分類為書信函電（包含電子郵件、傳真與簡訊）禮儀、接待會晤禮儀、商務宴客禮儀、求職面試禮儀、公關與行動活動禮儀、參訪與邀訪回訪禮儀、商用電話禮儀……等。

二、國際外交禮儀

　　此類應用禮儀種類繁多，舉凡外交拜會禮儀、領事事務禮儀、外交聯誼禮儀、國慶相關事宜禮儀、僑團拜訪禮儀、外交特權與豁免禮儀、國喪弔唁禮儀、國與國間文化交流禮儀、留學生相關事務……等，均涵蓋在內。

三、社交禮儀

　　泛指人與人之間社交往來之禮儀，例如：名片交換禮儀、禮物餽贈禮儀、邀訪與接待禮儀、舞會相關禮儀……等。

四、一般生活禮儀

　　舉凡喜慶宴會禮儀、送花禮儀、拜訪與探病禮儀、旅遊禮儀、搭乘大眾交通工具禮儀……等，均屬此類。

五、跨國會議禮儀

　　意指官方或民間參加國際性會議所應遵守之禮儀。

六、國際禮儀的注意事項

　　國際禮儀的範圍，舉凡人民生活的食、衣、住、行、育、樂及文化風俗均包含在內，如要有禮走遍天下，認識及遵守各式禮儀規範是無可避免的，不過雖然我們一再強調國際禮儀的基本概念及重要性，但是並不表示地區傳統禮儀應被忽略，因此在入境別的國家時，除要遵守國際禮儀的規範外，尊重地區風俗仍是非常重要的。

• 國際禮儀的應用範圍

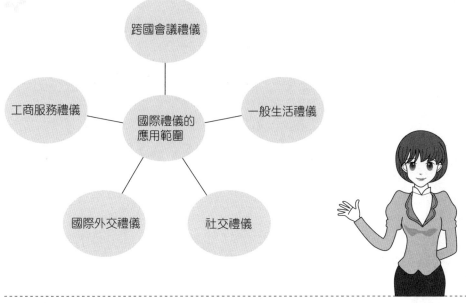

• 國際禮儀的應用範圍解析

國際禮儀的應用範圍解析	工商服務禮儀	▶ 書信函電（包含電子郵件、傳真與簡訊）禮儀、接待會晤禮儀、商務宴客禮儀、求職面試禮儀、公關與行動活動禮儀、參訪與邀訪回訪禮儀、商用電話禮儀。
	國際外交禮儀	▶ 外交拜會禮儀、領事事務禮儀、外交聯誼禮儀、國慶相關事宜禮儀、僑團拜訪禮儀、外交特權與豁免禮儀、國喪弔唁禮儀、國與國間文化交流禮儀、留學生相關事務。
	社交禮儀	▶ 名片交換禮儀、禮物餽贈禮儀、邀訪與接待禮儀、舞會。
	一般生活禮儀	▶ 喜慶宴會禮儀、送花禮儀、拜訪與探病禮儀旅遊禮儀、搭乘大眾交通工具禮儀。
	跨國會議禮儀	▶ 意指官方或民間參加國際性會議所應遵守之禮儀。

第2章 / 服飾與儀態

　　合宜的服裝若能搭配優雅的儀態，那麼，將可以稱得上完美的呈現。然而，優雅的儀態是必須時時提醒自己，並養成良好的習慣。這樣一來，我們的舉手投足之間，自然可以散發出個人的自信與魅力。

本章重點

UNIT 2-1 穿著禮儀

服飾與儀態

　　服裝是個人氣質、性情之表徵，亦是一國文化、傳統及經濟之表徵。服裝要整潔大方，穿戴應該與自己的身分、年齡以及體態相稱，不可一味追求流行。服裝不但可以展現個人在工作上的專業，更可以展現個人的品味與特質喔！

一、穿著的藝術應該把握住三項原則

　　所謂「TOP」三原則，亦即依循「Time（時間）、Occasion（場合）、Position（身分）」等特性，選擇搭配個人的穿著，是最合宜得體的表現。

（一）「Time」：係指「時間」或「季節」而言，亦即穿著搭配應該符合早、午、晚及春、夏、秋、冬等時令。

（二）「Occasion」：係指「場合」而言，例如：參加會議、正式宴會、非式聚餐、室內或戶外等。

（三）「Position」：係指「身分」而言，例如：年齡、職業、職階或社會地位等。

小博士解說

1. 同色系與相似色的搭配法

　(1)同色系層次搭配法：藉由同一個顏色的深淺色來做層次上的變化，這種色彩搭配予人中規中矩、專業信賴的感覺，是適合上班開會的正式打扮。

　(2)相似色的搭配法：以色相環中相鄰的顏色來做搭配，此種色彩搭配予人協調柔和、平易近人的感覺，特別適合從事業務、公關業的人員穿著。

2. 互補（對比）色的搭配法

　(1)直接互補：以色相環中兩種直接對立的顏色來做搭配，形成最強烈的色彩對比，這種搭配法最適合運用在宴會場合或是戶外運動時。

　(2)分叉互補：選擇一個顏色及其直接對比色兩旁的顏色，這樣的對比不容易出錯，常可見科技界人士穿著藍色襯衫搭配黃色領帶，正是交叉互補最好的例子。

• 女性「三點不露」原則

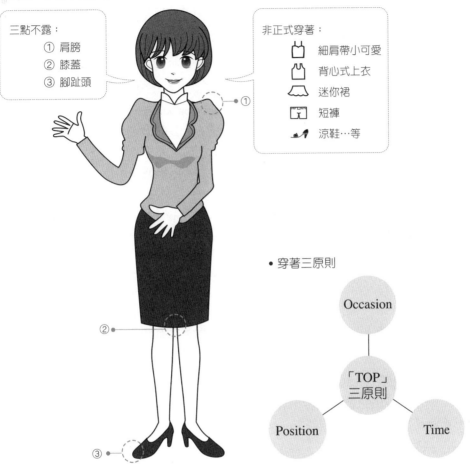

三點不露：
① 肩膀
② 膝蓋
③ 腳趾頭

非正式穿著：
細肩帶小可愛
背心式上衣
迷你裙
短褲
涼鞋…等

服飾與儀態

• 穿著三原則

Occasion

「TOP」
三原則

Position

Time

知識補充站

女性穿著小叮嚀

1. 勿入流行的圈套。過度追求流行、過度豔麗，反而適得
其反。

2. 誤把性感當魅力。他人對我們的印象有 55% 皆來自我們
的外表。

UNIT 2-2 男士篇

服裝可以展現個人工作的專業感與個人品味修養。以下就以男士與女士的穿著，做概念式的介紹：

一、典禮禮服

① 大禮服（又稱燕尾服，Swallow Tail, Tail Coat or White Tie）：此為晚間最正式場合之穿著，如國宴、隆重晚宴等。上裝前襬須齊腰剪平，後襬裁成燕尾形，故稱燕尾服；搭配白領結、黑色皮鞋。

② 早禮服（Morning Coat）：此為日間正式場合穿著之禮服，如呈遞國書、婚喪典禮、訪問拜會等。

③ 小晚禮服（Smoking, Tuxedo, Black Tie or Dinner Jacket, Dinner Suit）：為晚間集會最常用之禮服，亦為各種禮服中最常使用者。夏季多為白色小晚禮服，褲子均為黑色。

二、一般禮服（Suit）

通常為西服，適用於如拜會、會議等工作上正式場合，打領帶、著白（淺）色長袖襯衫，配黑（深）色鞋及黑（深）色襪，上衣與長褲宜同色同質料，顏色以深色為宜，夏季或白天可著淡色西服，如參加正式晚宴，仍宜著深色西服。

三、輕便服裝（Casual）

適用於輕鬆之社交場合，如戶外參觀活動等，切忌穿著短褲及無領 T 恤。上衣與長褲可不必同色同質。

四、西裝褲選擇

① 褲子的選擇應以款式簡單、中性色（棕色、黑、白等）等安全色彩為主。

② 壯型身材的人，應避免穿褲腰打褶的款式。

③ 瘦型身材的人，應可選擇打褶褲，使身材看起來顯得壯碩一些。

五、領帶

領帶夾標準使用位置是在襯衫第 3、4 顆鈕子之間。 領帶長度不宜超過皮帶扣環之下緣處。

六、皮帶扣環

① 男性皮帶應保持在肚臍或以上位置。

② 皮帶扣環的禁忌：扣環過大、炫耀名牌。

• 一般禮服規定

  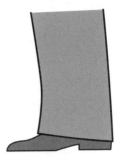

襯衫袖口比外套長 1 公分為宜　　西褲長度應成 U 型馬蹄狀

服飾與儀態

• 領帶的打法

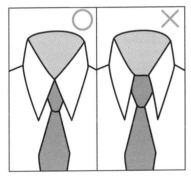

領結的位置，不可歪斜宜調整置中

知識補充站

西裝鈕釦的扣法：(1) 一般可敞開，上臺發言或遇見女士才需要扣上。(2) 單排單顆釦，直接扣上。(3) 雙顆釦全扣。(4) 三顆釦以上，最下方一顆不扣。(5) 雙排釦要全扣。(6) 扣釦子的順序是由下往上扣，脫掉時則是由上往下。

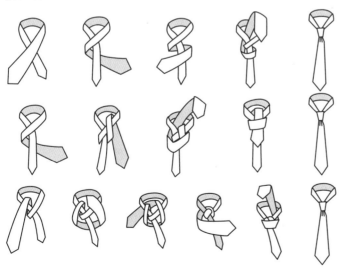

服飾與儀態

UNIT 2-3 女士篇

　　女性出席正式場合可依不同場合穿著旗袍、洋裝或套裝等。女士在白天之集會均可戴帽，上教堂更不可少；晚間則不宜戴帽，參加園遊會不僅可戴帽，並可攜帶陽傘。

一、女士之上班族之穿著，可分為兩種款式

（一）正式穿著（Formal Style）：

　　辦公室屬於中規中矩、保守內斂的職場環境，建議宜以簡單高雅的套裝、褲裝、襯衫及膝裙、包鞋（有跟）為主。

（二）休閒式穿著（Casual Style）：

　　配合工作的性質，也有較休閒的穿著風格。部分公司會規定在週五（每週最後的工作日），讓員工有較輕鬆的穿著。

二、身材修飾

（一）倒三角體型者：穿著上深下淺，可穿百褶裙，臀部附近有口袋的衣服，勿穿墊肩。

（二）直筒體型者：勿在腰部繫上皮帶，可加寬墊肩，適合直筒洋裝。

（三）圓（梨）形體型者：穿布料柔軟，剪裁寬鬆的服飾，勿穿圓點，厚重或硬質布料。

三、戴耳環的祕訣

（一）「圓臉」的人可以選戴長形、垂墜式、流蘇形的耳環。

（二）「長臉」的人可以選戴圓形或固定式的耳環。

（三）「方臉」的人可以選戴圓形、水滴形的耳環。

（四）「倒三角形臉」的人可以選戴復古造型、圓圈形、星星形、愛心形等造型較大的耳環，可使兩頰看起來較豐腴。

四、香水的使用

　　香水的濃度由低至高，依序為：古龍水、淡香水、淡香精及香精。正確的擦法是：使用古龍水以面；使用（淡）香水以線，而使用香精則以點來（輕按壓）或沾抹，以增加散發聞香的效果。用餐時，香水宜擦於腰部以下，如上半身噴灑香水，可能使香味與食物的味道相混，而影響進餐的興致。噴霧式香水噴灑面積較廣且較均勻，正確的方法是距離 20 公分左右，出門前 20 分鐘使用效果最佳。注意擦香水過程中所有輕觸動作都不應摩擦，否則香料中的有機成分發生化學反應，可能破壞香水的原味。

服飾與儀態

• 香水適合擦拭部位

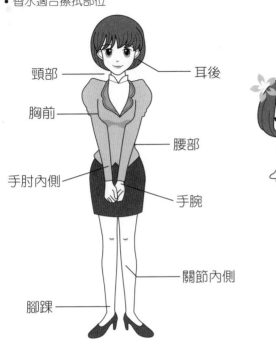

頸部 —— 耳後
胸前 ——
—— 腰部
手肘內側 ——
—— 手腕
—— 關節內側
腳踝 ——

知 識 補 充 站

領形的選擇：領形可以非常有效的修飾臉形，例如：圓形臉、頸部較短的女性，可以選擇 V 字形領、U 字形領等低領口的上衣；長形臉、頸部較長者，則可以選擇高領、立領等高領口的上衣。

• 身材

倒三角體型　　　　直筒體型　　　　圓（梨）形體型

UNIT **2-4** 站姿

服飾與儀態

一、站姿訓練要點

「九點靠牆」：即後腦、雙肩、臀、小腿、腳跟九點緊靠牆面。並由下往上逐步確認姿勢要領。

二、標準站姿

① 抬頭挺胸、脖頸挺直。

② 微收下頷、雙目平視，頭和下巴成直線，下巴與地面平行。

③ 雙肩放鬆，稍向下壓，雙臂自然垂放於身體兩側。

④ 脊椎、後背挺直，挺起胸部，收縮小腹。

⑤ 兩腿併攏立直，兩膝和腳跟靠緊。

  (1) 女士：腳跟併攏，腳尖分開約 60 度左右，兩膝併攏。

  (2) 男士：雙腳分開站立與肩同寬，挺胸、雙肩放鬆，雙臂自然下垂並置於身體兩側，腳掌分開 V 字形。

三、女性標準站姿

避免僵直，肌肉不可太緊張，可以適宜地變換姿勢，追求動感美。

四、男性標準站姿

男性站立時，身體要立直，挺胸抬頭、下頷微收、雙目平視、兩膝併攏、兩腳平行，不能超過肩寬。

小博士解說

四種不正確站姿

1. 彎腰駝背

2. 手位不當：在站立時手位不當，會破壞站姿的整體效果。

  (1) 雙手抱在腦後；(2) 用手托著下巴；(3) 雙手抱在胸前；

  (4) 把肘部支在某處；(5) 以手插腰；(6) 將手插在衣服或褲子口袋裡。

3. 腳位不當：避免「人」字步和「蹬踩式」。「人」字步即俗稱的「內八字」；「蹬踩式」指一隻腳站在地上時，把另一隻腳踩在鞋幫上，或是踏在其他物體上。

4. 身體歪斜：如頭偏、肩斜、腿曲，不但破壞人體的線條美，還會顯得頹廢消沉。

• 站姿

• 男生標準站姿

正面基本站姿　　側面基本站姿

• 四種不正確站姿

彎腰駝背　　　　身體歪斜　　　　腳位不當　　　　手位不當

服飾與儀態

UNIT 2-5 坐姿

坐的姿勢，一般稱為坐姿。指的是人在就座之後，身體所保持的一種姿勢。標準坐姿是人們將自己的臀部置於椅子、凳子、沙發或其他物體上，以支撐自己身體重量，雙腳則需放在地上。坐的姿勢，從根本上看，應當算是一種靜態姿勢。

一、入座時的注意要項

① 入座時要穩、輕，從座椅的左後側走到座位前， 輕穩地坐下。若是裙裝，應該用手將裙子稍加輕撫一下，不宜坐下來後，再站起來整理衣服。

② 雙目平視，嘴唇微閉，微收下頜。

③ 雙肩放鬆平正，兩肩自然彎曲放於椅子或沙發扶手上。

④ 坐在椅子上，要立腰、挺胸，上半身自然挺直。

⑤ 雙膝自然併攏。雙腿正放或側放，雙腳平放或交疊。

⑥ 坐在椅子上，至少要坐滿椅子的三分之二為宜。

二、女士坐姿

女士就座時，雙腿併攏，以斜放一側為宜，雙腳可稍有前後之差，即若兩腿斜向左方，則右腳放在左腳之後；若兩腿斜向右方，則左腳放置右腳之後。這樣正面看來雙腳交會成一點，可延長腿的長度，也顯得頗為優雅。女士分腿而坐顯得不夠雅觀，腿部倒 V 字形也是不雅觀的，女士若穿裙裝，應有撫裙的動作。一般來說，在正式社交場合，要求女性兩腿併攏無空隙，兩腿自然彎曲，兩腳平落地面，不宜前伸。在日常交往場合，女性大腿併攏，小腿交叉，但不宜向前伸直。

三、男士坐姿

男子就座時，雙腳可平踏於地面，雙膝亦可略微分開，雙手可分置左右膝蓋之上，男士穿西裝時應解開上衣鈕釦。一般正式場合要求男性兩腿之間可有一拳或與肩同寬的距離；在日常交往場合，男性可以蹺腿（疊腿），但不可蹺得過高或抖動。歐美國家的男士疊腿而坐時，是把小腿部分放在另一條腿的膝蓋上，大腿之間是有縫隙的，但注意腳不要蹺得太高，以免鞋底正對旁邊的客人。在與歐美國家人士交往時，需注意對方的習俗，這樣更有助於雙方溝通。

• 女性坐姿（正確）

• 男士坐姿（正確）

知識補充站

走姿要點

(1) 挺胸縮復；(2) 兩眼自然平視；(3) 腳尖與腳跟提高；(4) 走直線，兩腿不可張開或交叉；(5) 步伐約同一個腳的大小；(6) 手臂自然擺動，走得有韻律感；(7) 肩背背包姿勢，一手握背包，另一手自然擺動。

服飾與儀態

UNIT 2-6 基本蹲姿、鞠躬

下蹲拾物時，應自然、得體、大方，不遮遮掩掩。蹲下時，兩力支撐身體，避免滑倒，並使頭、胸、膝關節在一個角度上，使蹲姿優美。

一、交叉式蹲姿

在實際生活中常常會用到蹲姿，女士可採用交叉式蹲姿：下蹲時右腳在前，左腳在後，右小腿垂直於地面，全腳著地；左膝由後面伸向右側，左腳跟抬起，腳掌著地。兩腿靠緊，合力支撐身體。臀部向下，上身稍前傾。

二、高低式蹲姿

下蹲時右腳在前，左腳稍後，兩腿靠緊向下蹲。右腳全腳著地，小腿基本垂直於地面，左腳腳跟提起，腳掌著地。左膝低於右膝，左膝內側靠於右小腿內側，形成右膝高左膝低的姿態，臀部向下，基本上以左腿支撐身體撿拾物品為正確姿勢。

三、撿物品的姿勢

走近物品，讓物品在右前方。一腳在前一腳在後，蹲下時雙膝併攏，上身保持直立；穿低領裝時要用左手按著領口以防走光。

四、鞠躬

鞠躬禮是人們在生活中對別人表示恭敬的一種禮節，適用於莊嚴肅穆的儀式，也適用於一般的社交場合。一般彎腰大約 30 ～ 60 度，而 90 度大鞠躬常用於特殊情況。女士的雙手下垂搭放在腹前。上身前傾彎腰，可根據對象和場合決定鞠躬的幅度。行鞠躬禮時，須脫帽、呈立正姿勢，面帶笑容，目視受禮者。男士雙手自然下垂，貼放於身體兩側褲線處。

小博士解說

用餐時需注意的儀態：

1. 儀容：留長髮要注意梳理好，補妝宜在洗手間進行。
2. 進餐時：不宜一邊吃一邊說話，不可用刀叉指著對方或任意揮舞。
3. 舉杯互祝：舉杯、碰杯再飲酒。
4. 剔牙：以手遮掩或餐巾紙掩口，但最好能避免。
5. 刀叉掉落：不必自行清理，宜請服務人員幫忙並補上乾淨餐具。
6. 忌用「飛象過河」及「撥草尋蛇」等不雅或不衛生的用餐習慣。

• 基本蹲姿

交叉式蹲姿　　　　　以高低式蹲姿撿拾物品

• 鞠躬禮

女性鞠躬禮　　　　　男性鞠躬禮

第**3**章 / 說話禮儀

口語表達能力是現代人必備的重要溝通技能，擁有良好表達能力與溝通技巧的人，將展現優異的說服、協調、溝通及談判能力。擁有這樣的能力，在家庭中可以為家人做好溝通橋樑；在社群中，可以獲得人際的尊重與友誼；在職場上，容易獲取晉升機會或圓融的人際關係。總之，隨時都能展現出無形的影響力及個人魅力。

本章重點

UNIT 3-1 口語表達技巧

說話禮儀

人際溝通中，非語言的成分比語言本身更能反映訊息溝通者的內在狀態。根據研究，一個人要從互動溝通者的臉部表情、音調和語言內容去感受對方對自己的好感與認同。

一、音調

說話的語調是一項極為關鍵的技巧，尖銳的高音讓人聽起來緊張不安；而低音給人比較穩重或威權的味道。要降低高音，就放輕鬆，同時呼吸得比較深沉一點。要凸顯重點，就注意自己的音調變化。

二、音量

說話的音量則是另一種刺激，講話大聲通常聽起來直接且具侵略性，反之，聲音太小聽起來畏畏縮縮、缺少熱情及自信。

三、口語表達需注意以下要點

① 簡單扼要。

② 說話前先要學會「聆聽」。

③ 具有幽默感的說話技巧。

④ 適時讚美與肯定。

⑤ 言之有物、措詞優美。

⑥ 不任意批評、漫罵、質問對方。

⑦ 談論對方感興趣的話題。

⑧ 不要論及他人隱私。

⑨ 說話的儀態音調要明朗、悅耳、清晰，態度要誠懇、大方、親切，並注視對方。

⑩ 口頭不忘說「請」、「謝謝」、「對不起」。

⑪ 多用肯定句、多用「您」字、少用「我」字。

小博士解說

音量、音調運用與自我練習

1. 要製造效果，讓「無聲勝有聲」，則可以將音量放小。音調的高低也可以善加利用，優美動聽的聲音是靠自己訓練得來的。

2. 可以用錄音設備錄下自己的聲音，反覆地練習、反覆地聽。

• 口語表達技巧圖示

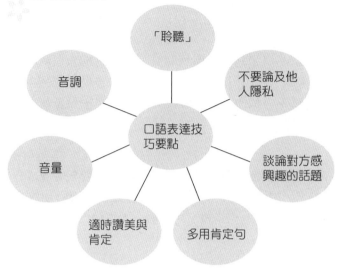

口語表達技巧要點
- 「聆聽」
- 不要論及他人隱私
- 談論對方感興趣的話題
- 多用肯定句
- 適時讚美與肯定
- 音量
- 音調

• 口語表達

先學會聆聽

運用錄音機自我練習音量及音調

知識補充站

1. 參加談話或討論，要適時發表意見，但不可說得太長。

2. 與人談話要正視對方，不可左顧右盼。

3. 談話時，不宜拉住對方的衣袖或手臂，或附耳講話。

4. 談話切忌以諷刺、取笑、誹謗或打擊別人為樂。

5. 對方的話尚未結，不可打斷，如須先說，要請對方原諒。

說話禮儀

UNIT 3-2 談話技巧的訓練重點

一、三思而後言

很多人往往心直口快，根本沒想到自己犀利的言詞可能對別人造成的傷害。因此，說話不可不經過大腦，說出口之前，如果能多花一些時間思考，就可以降低說錯話的機會，而減少引起他人的不悅。以上就得靠平日多反省思考，不斷的修正，才能做到圓融之境。

二、失言時立刻道歉

勇於認錯是很重要的，人偶爾都會說錯話，但是自己一定要察覺說了不該說的話，然後馬上設法更正。須留意他人的言語或其他方面的反應。如果確實說錯話了，就必須立刻道歉，勇於承認錯誤，切忌編一大堆藉口，以免越描越黑。

三、挑對說話的時機

主要是當我們要表達意見之前，必須先確定對方已經準備好，願意聽你說話。比如說：在公共場所，或有其他朋友、同事在場時，應避免談論涉及隱私或一些敏感的話題；當對方感到煩躁時，也盡量避免繼續談論下去。

四、了解別人的感覺

「易地而處」，將心比心地用心體會他人的感受，雙方產生共鳴比較容易達成共識。

五、聆聽他人的回饋

和別人交談不僅自己要懂得如何去說，也要懂得如何去聆聽。缺乏聆聽的技巧，往往會導致輕率的批評。如果你仔細聆聽別人對你意見的回饋或反應，就能確定對方有沒有在聽你說話，得知對方是否已了解我們的觀點。

• 談話技巧訓練

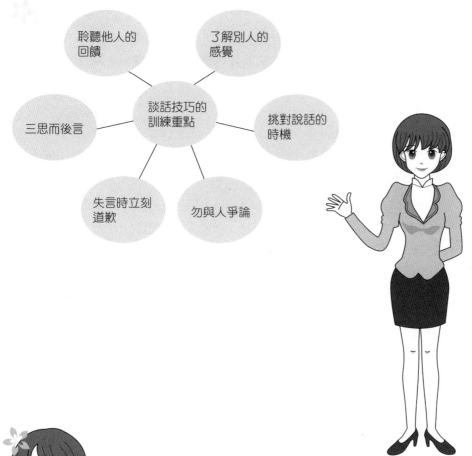

聆聽他人的回饋

了解別人的感覺

三思而後言

談話技巧的訓練重點

挑對說話的時機

失言時立刻道歉

勿與人爭論

說話禮儀

知識補充站

交談忌諱：

1. 避免在公眾場合辱罵政黨或批評宗教。

2. 不可批評主辦單位或貶低他人人格自尊。

3. 講述低俗不雅主題，偏離演講主題。

4. 與人交談時，不可在他人的話裡尋找漏洞，為小細節爭論不休，或常糾正他人的錯誤，把交談當成了辯論，而不是訊息、想法與感覺交換的過程。所以，為了與他人有更好的溝通，應可採用較不具侵略性的談話方式，別人會比較容易聽進去，而不會產生排斥感。

UNIT 3-3 演說技巧的訓練重點

一場成功的演說有賴於事前的資料準備及不斷的演練，與其擔心，還不如做好前置的準備工作，而且也會讓自己充滿信心喔！以下重點為演說時必須具備的專業素養，提供參考，可作為平日自我訓練之說話藝術用途。

一、吸引人注意之開場白

(1) 故事；(2) 問題；(3) 引用文句；(4) 善用統計數字；(5) 音樂；(6) 影帶片段導入；(7) 幽默的笑話。

二、演說的技巧

演說的技巧有四要素：眼神、聲音、肢體動作、語言。

(一) 眼神—接觸及移動

專注的目光看著一人開始，對降低緊張有幫助。表達中，將您的眼神盯住一個人，直到完成思緒後再換人，提供與觀眾一對一的溝通，幫助您控制表達的速度。

(二) 聲音—聲音、聲調、表達

改變您的聲調來強調重要的字及片語。有影響力的字或片語就像用粗筆畫出或很明亮的字，可凸顯出來。表達時，要適當停頓，可以降低緊張、藉機呼吸、讓聽眾可以消化您的說話內容。

考慮空間的大小和觀眾人數，調整音量。

(三) 肢體動作—姿勢

運用手勢來強調重點。有影響力的字或片語，就像用粗筆畫出或很明亮的字，可凸顯出來。運用手、臂膀、身體姿勢來描述一個尺寸或形狀或程序，肢體的動作形成畫面，幫助學習者記住。

(四) 語言—適合不同背景的聽眾

應關注到觀眾的程度與您不同，對於所有他們無法了解的術語，都須加以定義。您的觀眾群包含不同文化背景，表達時，宜避免使用無法了解的數字或表達。您可決定學習背景是非正式或「專業」，可以運用聊天或正式的風格，採用最適合當時情況的方式。

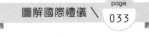
• 說的技巧有四要素：眼神、聲音、肢體、語言。

眼神的接觸及移動該怎麼辦？	目的
▶ 在開始前，目光緩慢的移動觀看整個空間。	▶ 引起整個團體的注意力。
▶ 開場白，以專注看著一人開始。	▶ 對降低緊張有幫助。
▶ 表達中，將您的眼神盯住一個人，直到完成思緒後再換人。	▶ 提供與觀眾一對一的溝通。 ▶ 幫助您控制表達的速度。
▶ 您的演說中，試著將您的眼神繞著整個空間。	▶ 降低觀眾的壓力。

聲音應該怎麼做？	目的
▶ 改變您的聲調來強調重要的字及片語。	▶ 有影響力的字或片語，就像用粗筆畫出或很明亮的字，可凸顯出來。
▶ 表達時，要適當停頓。	▶ 降低緊張，藉機呼吸，讓聽眾可以消化您的說話內容。
▶ 考慮空間的大小和觀眾人數─調整您音量。	▶ 太大聲所傳出的訊息不清晰，若太小聲，別人聽不到。
▶ 適當的速度表達。	▶ 太快 = 令人不知所云。 太慢 = 乏味。

如何有效的運用肢體？	目的
▶ 運用手勢來強調重點。	▶ 有影響力的字或片語，就像用粗筆畫出或很明亮的字，可凸顯出來。
▶ 運用手/臂膀/身體姿勢來描述一個尺寸或形狀或程序。	▶ 肢體的動作形成畫面，幫助學習者記住。
▶ 表達開始及表達中須平衡您的位置。	▶ 免於懶散，分散觀眾對您訊息的注意力。
▶ 完成換姿勢後，讓手回到兩旁。	▶ 讓手勢自然，避免手分散了聽眾的注意力。

如何有效的運用語言？	應對
▶ 您關注到觀眾的程度與您不同。	▶ 您的表達應修改適合他們的程度，並能讓他們清楚。
▶ 您對觀眾談很新的技術資料。	▶ 所有他們無法了解的術語，都須加以定義。
▶ 您的觀眾群包含不同文化背景。	▶ 表達中避免使用無法了解的數字或表達須加以定義。
▶ 您可決定您的學習背景是非正式或「專業」。	▶ 聊天或正式的風格採用最適合當時情況的方式。

說話禮儀

UNIT 3-4 手勢、距離的運用

　　說話時可適當做些手勢來加強表達，但動作不要過大。不管與談話者距離遠或近，切忌不可用手指著對方，也不要與對方用手指著別人加以議論，這些都是不禮貌的。

一、距離

　　與人談話時，不宜與對方離得太遠或過近，一般而言，只要近於 60 公分就會帶給對方壓力而造成不舒服。再者，與人交談時，不可左顧右盼、心不在焉，應以專一的目光注視對方，以示尊重。

二、手勢的種類及意義

(一) 豎大姆指（指餘指握拳）：大多數是表示自己對對方的欣賞及贊同；也表示對他人之舉動有所感謝，感激對方為你所做之事；也表示準備妥當。

(二) V 字手勢：這早已成了世界語言，源自於英國，因為 V 字在英文中代表了勝利（Victory），因此，以「V」表達了勝利、歡欣之意義。

(三) OK 手勢：以英文字母 O 與 K 連結而成，表示沒問題，準備妥當一切就緒，也有我很好、沒事、謝謝你的關心之意。

(四) 雙手合掌手勢：以雙手合掌，常用來表示「感謝、感恩」的意思。在日常交際中，亦常用來作為「打招呼」的儀態（或稱合掌禮）。

說話禮儀

 小博士解說

說話的藝術：

急事，慢慢的說。	討厭的事，對事不對人的說。
開心的事，看場合說。	傷心的事，不要見人就說。
別人的事，小心的說。	自己的事，聽聽自己的心怎麼說。
現在的事，做了再說。	未來的事，未來再說。
大事，清楚的說。	小事，幽默的說。
沒把握的事，謹慎的說。	沒發生的事，不要胡說。
做不到的事，別亂說。	傷害人的事，不能說。

• 手勢的種類

OK 表示沒有問題，準備妥當　　　V 代表勝利　　　豎大姆指表示對對方的欣賞及贊同

• 說話手勢與距離

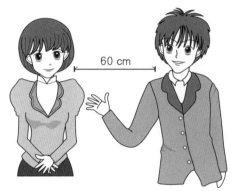

運用手勢強調重點　　　　　與人談話最好保持 60 公分距離

• 音量與速度

要根據聽者的遠近控制自己的音量　　　說話速太慢容易讓人感到疲乏

說話禮儀

NOTE

第**4**章 ／ 電話禮儀

　　科技發達，造就國無疆界，各國人民相互往來頻繁，才發現電話（或手機）已是現代人生活中必需且不可或缺的溝通工具，而得體適當的電話禮儀則是人際溝通的敲門磚。請注意，「聲音」是有「表情」的！即使您的情緒不佳，也要注意電話的禮儀及保持親切的聲調。

本章重點

UNIT 4-1 撥打電話禮儀

一、打電話時

要注意自己的態度、音調、說話速度。經常將請、謝謝、對不起掛在嘴邊，盡量以「是」、「好的」做正面回應。還有，「掛電話」也是一門學問喔！講完電話後，任何電話都不要急著掛斷，等「3秒」左右再掛；或是聽到對方掛後再掛，掛電話要溫柔以對。

二、撥打電話的禮儀

① 選擇適當的時間，應避免用餐或午休時間打擾他人作息。
② 首先表明自己的姓名、身分，再詢問對方是否方便談話，再開始交談。
③ 電話撥通後，若無人接聽，可在大約5分鐘後再撥一次。
④ 電話用語應文雅、禮貌，電話內容要簡單、扼要。
⑤ 若要找的人不在，可請對方代為留言。
⑥ 撥打電話前，應預先擬妥溝通的事項或重點，以便流暢地表達重點。
⑦ 若是自己打錯電話，一定要說「對不起，我撥錯號碼了」再掛上。
⑧ 通話完畢時應道「再見」或作結語；應該避免「沒頭沒尾」就掛上電話。

三、撥打電話的步驟

① 打出電話前，應先確定對方電話、姓名、頭銜，再釐清談話要點，同時，應備妥相關資料、記事本或便條紙。
② 電話撥通時，需先確認對方，並做簡單的寒暄問候，拉近雙方距離。
③ 電話撥通時，除需先確認對方外，就應先自我介紹，依機關、單位、姓名的順序介紹。如：「我是大華公司行銷部林專員」。
④ 應傾聽對方意見。如果雙方需要溝通協調，一定要靜下心來聽對方陳述，再用溝通達成協議，不可一味地辯護自己的意見。
⑤ 在達成共識後，應將雙方協調後的結論再重複一次，並請對方確認，可避免誤解。
⑥ 結束前一定要記得用禮貌用語作結尾，可以說：「謝謝，打擾您，麻煩您了。」或是說：「您所說的要點，我都記下來了。」
⑦ 掛電話時，應等對方先掛斷，自己再輕輕掛上。
⑧ 如果對方不在，或不方便接聽，可以請接電話的人代為轉達，應先自我介紹，再請教對方姓名，方便稱呼及下次聯繫時洽詢。

電話禮儀

• 電話禮儀解說圖

```
                        打錯電話立
                        即道歉。

         應避免用餐或              通話完畢時,
         午休時間打擾              應道「再見」
         他人休息。              或作結語。

         首先表明自     撥打電話       應預先擬妥
         己的姓名、     禮儀         溝通的事項
         身分。                 或重點。

         無人接聽大              若要找的人不
         約五分鐘後              在,可請對方
         再撥。    電話內容要簡    代為留言。
                 單、扼要。
```

• 打電話禮儀

手肘不可撐在桌上,以免感覺慵懶

電話禮儀

知識補充站

摔電話是最沒風度和缺乏修養的行為,掛電話之前,建議可先用手輕按切話器,切勿用力將話筒掛上。

我們必須等來話者先掛電話,才能掛電話。千萬不可講完,就「啪」一聲掛斷!這樣,對方會以為你摔電話。

UNIT 4-2 \ 電話接聽禮儀

一、得宜的電話禮儀

往往能為企業、機關作第一線的公關，也是客戶及貴賓對公司第一印象。電話禮儀儼然成為 e 世代的熱門課題，電話接洽言談中的尊稱、用詞、口氣，以及應對禮節培訓養成，皆足以成為個人與企業形象與商機。

二、接聽公務電話要領

① 熟悉電話系統及操作方式。

② 熟記自己公司組織與各部門分機號碼（分機表貼放於桌面）。

③ 鈴響三聲之內，務必要接。

④ 準備紙和筆在手邊。

⑤ 禮貌的表明自己身分：打電話給對方時，需先報上自己的公司行號和姓名。

⑥ 交談中稱呼對方尊姓。

⑦ 注意說話的禮貌和口氣。

⑧ 運用「用心」聆聽，並重複敘述來電的重點。

⑨ 請對方等待時，務必讓對方充分了解原因。

⑩ 主動代（轉）接或留言。

三、接電話的禮儀

① 電話鈴一響應儘快去接，最好不要讓鈴響超過 3 聲。語調應平和，音量要適中。

② 接電話時，對於對方的談話可作必要的重複，重要的內容應簡明扼要地記錄下來，如：時間、地點、聯繫事宜、需解決的問題等。

③ 若對方打錯電話，不需生氣，不可口不擇言。只須告知：「Sorry, wrong number!」或「您打錯了！」即可。

④ 電話交談完畢時，應盡量讓對方結束對話。若需自己結束，應解釋原因並致歉。通話完畢後，應等對方放下話筒後，再輕輕地放下電話，以示尊重。

四、接聽電話步驟

① 鈴響 3 聲左右後接聽並問候。

② 報出姓名。

③ 確認對方身分。

④ 詢問來電目的。

⑤ 彙整意見並確認交代事項或結論。

⑥ 感謝致意。

⑦ 輕輕掛斷電話。

電話禮儀

• 接聽電話禮儀圖

不要讓鈴響
超過3聲為宜。

簡明扼要地
記錄。

接聽電話禮
儀要點

應解釋原
因並致歉。

對方打錯電
話不可口不
擇言。

應盡量讓對方
結束對話。

• 接電話禮儀

Sorry, wrong number!

接聽錯誤來電，仍需平心靜氣。

知識補充站

公務電話禁忌

1. 等候太久：如果碰到不能馬上回答的問題，應先徵求對方同意，把電話掛斷，等查清楚後，再迅速與對方聯絡。
2. 轉接時重複問話：轉接電話時，應先問明對方身分及問題，轉接過程中勿重複問對方身分及問題，更不要讓電話像踢皮球似地一再轉接。
3. 切忌一邊吃東西一邊講電話。
4. 言談溝通不得要領，無法明瞭對方的問題或來電目的，或是無法正確傳達內容，都是失敗的接聽，應該避免。

UNIT 4-3 代接電話禮儀

一、指定人不在座位時

應說：「對不起，○先生（或小姐）正好離開座位，一會兒就回來，請問有什麼我可以替您轉達或代勞的？或是您方便留個電話，我請他再回電話給您。」

由於是在辦公場所，代表整個機關或公司的形象。因此，一定要注意代轉達、代答或留電話，也一定要馬上用紙筆記下，運用5W2H重述內容，並說：「我會轉述給○先生（或小姐），請您放心。」且立刻轉知，切記絕對不可忘記轉達或留言而誤事。

二、指定人正在接、打電話時

代接電話則應說：「對不起，他正在講電話，麻煩您留個電話，待會兒我請他撥給您。」切記絕不可僅回答：「他正在講電話，請稍待。」就放下電話，讓對方一直等候，或直接掛斷電話，都是非常不禮貌的。

三、指定人出公差或外出開會時

應說：「對不起，○先生（或小姐）有公務外出，不知道什麼時候回來（或是什麼時候回來），請問有什麼事情我可以轉告他，等他回來再給您回電？」

四、代接上司電話時

為使上司節省更多時間處理公務，所以要扮演過濾電話的角色，問清楚來電者身分、來電動機及交代事項，並判斷輕重緩急，正確無誤地轉達上司。

電話禮儀

小博士解說

1. 接聽電話說些禮貌的話是基本的禮儀，也是人際關係的潤滑劑，交談中，過多的禮儀會讓人感覺虛偽，不說又覺得不明事理，如何拿捏，見仁見智。

2. 在自然的情況下，適時適度說：「謝謝」、「請說」、「請問」、「好的」、「是的」、「對不起」、「麻煩您」、「謝謝您寶貴的意見」、「對不起，讓您久等了」等。

3. 盡量避免說否定的字眼，如：「不行」、「不可以」、「不知道」，如必須說，也請婉轉的說，該有的禮儀仍不可免。

• 代接電話禮儀

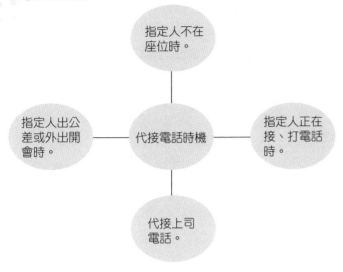

指定人不在座位時。

指定人出公差或外出開會時。 ── 代接電話時機 ── 指定人正在接、打電話時。

代接上司電話。

• 代接電話禮儀

用紙筆記下。

絕對不可忘記轉達或留言。 ── 代接注意事項 ── 口氣溫和。

主動提供協助。

知識補充站

　　接電話時，若拿起電話就只說：「喂」，感覺尖銳短促，容易造成溝通不流暢，建議直接說出機關名稱或部門名稱，如：「您好」或「某單位（公司），您好」，較通順。

第**5**章 / 書卡禮儀

　　科技發達，人們為節省時間大多透過手機、email 相互溝通，不過傳統書卡仍代表「正式」、「尊重」、「重視」等正向意義，所以在某些狀況仍建議以正式的書信或卡片祝賀、慰問別人，將可達到不同的效果喔！

 本章重點

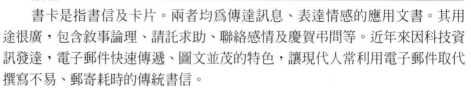

UNIT 5-1 書卡禮儀

一、前言

　　書卡是指書信及卡片。兩者均為傳達訊息、表達情感的應用文書。其用途很廣，包含敘事論理、請託求助、聯絡感情及慶賀弔問等。近年來因科技資訊發達，電子郵件快速傳遞、圖文並茂的特色，讓現代人常利用電子郵件取代撰寫不易、郵寄耗時的傳統書信。

　　但是透過實體書卡進行邀約，能令受邀對象感受邀約人的誠意，這是電子郵件無法營造出來的感動。

二、書信的種類

　　可依據發信人及接收信件人的關係，分為對長輩、平輩及晚輩三類，而依據發信內容和發信目的，則分為 (1) 論事性書信，例如：理性論述事件的書信；(2) 應用性書信，例如：介紹、請託的書信；(3) 聯誼性書信，例如：思慕、問候的書信；(4) 應酬性書信，例如：祝壽、慰問病情的書信。

三、中、西式書卡形式 (1)

　　中、西式書卡形式最明顯的不同在於：中式書卡內容多是用直式撰寫，且文字由右自左逐行排列；而西式書卡內容則多為橫式，文字撰寫由左至右依序排序。以下以中式信封、中式書信格式及西式信封、西式書信格式作為範例，以助了解其中差異。

(一) 國內郵件直式信封書寫方式（中式）

　　收件人姓名寫於中央空格內，收件人地址寫於右側，收件人郵遞區號以阿拉伯數字端正寫於右上角紅框格內。寄件人地址、姓名寫於左下側，郵遞區號以阿拉伯數字寫於左下角紅框格內。郵票貼於左上角郵票黏貼處。

(二) 中式書信撰寫範例

　　中式書信內容以直式方式，文字由右至左整齊排列。內容結構必須包含：

1. 稱謂，意指收信人的姓名。
2. 開頭應酬語，今已將其簡化為「您好」或「好久不見，近來好嗎？」
3. 書信正文，撰寫此封書信的主要內容。
4. 結尾應酬語（可省略）。
5. 結尾祝候語（有時也可以省略）。
6. 自稱、署名，末敬詞（可省略）或簡化為「上」。
7. 撰寫書信時間。
8. 附文（若無可省略）。

- 書信種類

書信種類	依發/收信者間關係	▶ 對長輩 ▶ 對平輩 ▶ 對晚輩
	依發信內容及目的	▶ 論事性書信 ▶ 應用性書信 ▶ 聯誼性書信 ▶ 應酬性書信

- 國內郵件直式信封書寫方式（中式）

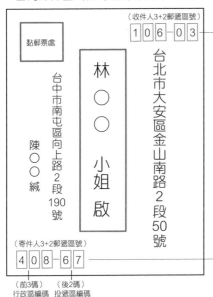

（收件人3+2郵遞區號）
106-03 ——— 收件人3+2郵遞區號

黏郵票處

台北市大安區金山南路2段50號

林〇〇 小姐 啟

台中市南屯區向上路2段190號
陳〇〇 緘

（寄件人3+2郵遞區號）
408-67 ——— 寄件人3+2郵遞區號

（前3碼）　（後2碼）
行政區編碼　投遞區編碼

資料來源：中華郵政網站

- 中式書信撰寫範例

父親大人①膝下：敬稟者，自拜別，思念之情，日增未減，唯願福體安康②。兒十月二十乘車至台北就業，隨即打點住宿及報到一切事宜，萬事均安，請勿掛念。兒離家遠在他鄉不克時時問候③。敬祈 福體康安④。肅此奉稟，金安⑤。

兒
德華叩上⑥
十月二十五日⑦

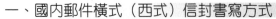

UNIT 5-2 中、西式書卡形式 (2)

一、國內郵件橫式（西式）信封書寫方式

❶ 收件人地址、姓名寫於中央偏右，寄件人地址、姓名寫於左上角或信封背面。郵遞區號寫於地址上方第一行，郵票貼於右上角郵票黏貼處。

❷ 書寫順序如下：
第一行：郵遞區號；第二行：地址；第三行：姓名或商號名稱。

二、國際郵件橫式信封書寫方式

❶ 收件人姓名、地址及郵遞區號書寫於中央偏右，寄件人姓名、地址及郵遞區號書於左上角或背面。

❷ 書寫順序如下：
第一行：姓名或商號名稱；
第二行：門牌號碼、弄、巷、路街名稱；
第三行：鄉鎮、縣市、郵遞區號；
第四行：國名。

三、西式書信撰寫範例

橫式，文字由左至右整齊排列。

書卡禮儀

小博士解說

	國內郵件橫式信封撰寫方式	國際郵件橫式信封撰寫方式
相同處	• 寄件人址位置：左上角。 • 收件人地地址位置：中央偏右下。	• 寄件人地址位置：左上角。 • 收件人地址位置：中央偏右下。
相異處	• 撰寫順序單位由大至小，例如：國名、縣市、區、路、段、巷、號。 • 寄件人姓名位置：地址下一行。	• 撰寫順序單位由小至大，例如：號、巷、段、路、區、縣市、國名。 • 寄件人姓名位置：地址上一行。

● 國內郵件橫式（西式）書寫方式

（前3碼）（後2碼）
行政區編碼　投遞區編碼

40867 ——（寄件人3+2郵遞區號）
台中市南屯區
向上路 2段190號
陳○○ 緘

黏郵票處

10603 ——（收件人3+2郵遞區號）
台北市大安區 ——（收件人地址）
金山南路2段55號
林○ ○ 小姐啟

└——（收件人姓名）

資料來源：中華郵政網站

● 國際郵件橫式信封書寫方式

Tai Chi Enterprise Co., Ltd.
No. 10, Taiyuan Road
Datong District, Taipei City 10349
Taiwan(R.O.C.)

Mr. Jason Hsiao
280 South State Street
Chicago, Illinois 60603
U. S. A.

● 西式書信撰寫範例

July, 4, 2012

Dear July,

_____

_____

_____

_____

Sincerely,
Jennifer Lin

UNIT 5-3 書卡應用場合與時機 (1)

各種書信卡片扮演的功能不同，尤其是祝賀卡，需依據寄送者的寄送目的、寄送主題或寄送時節而挑選適當的祝賀卡，合適的祝賀卡可以幫助寄送者正確傳達其所要傳送給收件者的訊息或祝福。

(一) 請帖

請帖的主要功能為邀請人參加會議或宴會之用，其內容不需要過於複雜，只要簡單幾句開場白，再清楚註明以下幾點即可。寄送請帖時，最好附上回函，方便受邀者回覆出席意願，同時也有助於邀請者統計出席人數，以利後續安排。

① 邀請原由。　　　　　② 會議或宴會目的。
③ 會議或宴會日期。　　④ 會議或宴會時間。
⑤ 會議或宴會地點。　　⑥ 會議或宴會注意事項（例如：服裝規定）。
⑦ 會議或宴會邀請者或單位。

二、慰問卡

慰問卡顧名思義，主要在於探望病人、受傷的人或親友遭逢不幸事件時，用以安慰問候別人的書卡。使用時格式簡明即可，用字措辭需誠懇、情感真摯，以表達慰問之意。慰問卡有三個重要部分：

① 開頭稱呼：收件者的稱呼。
② 內容：表明撰寫慰問卡的主要用意及給收件者祝福的話。
③ 署名：自己的姓名和撰寫慰問卡的日期。

三、祝賀信（卡）

道賀他人喜事之用，包含：結婚、生子、升官、生日、創業、通過考試、畢業……等，信件或卡片的文詞中應充滿祝賀語句，並表達分享其喜悅之榮幸。同時可讚美收件者的優點，讓收件者充分感受寄件者的祝福之意。

四、年節賀卡

因應年節時令祝賀別人過節快樂的卡片，此種書卡可幫助聯繫感情，同時加深過節氣氛，例如：聖誕卡、賀年卡等。撰寫時同樣需註明開頭稱呼、卡片撰寫目的、祝賀詞、寄件者及寄件日期。

五、感謝卡

受人協助、款待或接受禮物、花卉等，基於禮貌，都應寫一封感謝卡以表達感謝之意。謝卡中僅需簡單明瞭說明感謝原由（謝卡目的）及充分表達對收件者的感謝之意，不需太多裝飾或模稜兩可的語句。

書卡禮儀

• 請帖

謹訂於
公歷　年　月　日（星期　）
農歷　年　月　日

為（新郎名字）（新娘名字）舉行聯婚典禮

是晚假作（宴會地點）

敬備喜酌恭候

光臨

五時恭候
六時入席

敬備喜酌恭候

（新郎父親名）
（新郎母親名）
（新娘父親名）
（新娘母親名）敬約

• 慰問卡三個重要的部分

慰問卡三個重要部分	開頭稱呼	▶ 收件者稱呼
	內容	▶ 主要用意/祝福
	署名	▶ 自己姓名/撰寫日期

• 祝賀信卡 / 年節賀卡 / 感謝卡

❶ 祝賀信（卡）	▶ 道賀他人喜事之用，包含：結婚、生子、升官、生日、創業、通過考試、畢業……等。
❷ 年節賀卡	▶ 因應年節時令祝賀別人過節快樂的卡片。
❸ 感謝卡	▶ 謝卡文中僅需簡單明瞭說明感謝原由（謝卡目的）及充分表達對收件者的感謝之意。

UNIT 5-4 書卡應用場合與時機 (2)

一、道歉卡

　　顧名思義此卡用於不經意致使他人身體或心理受傷時。內文不需冗長，但是文中須清楚表明道歉事件、無心傷害收件者之意及道歉誠意。道歉卡雖無法彌補已犯的過失，但是至少可以讓寄件者於最短時間內對收件者表達誠摯的歉意，可稍平復收件者受創的心靈。

二、商業書信

　　商業書信主要為商務人士用於溝通彼此想法和意見。因網路、科技發達，實體商業書信雖已漸漸被電子郵件取代，但是在某些重要事件上，為表達誠意，實體的商業書信仍扮演舉足輕重的角色。一般來說，撰寫商業書信不用手寫，而需用電腦打字以求字體精確工整，撰寫完成後用公司正式的信紙印出，親筆簽上自己的姓名以示尊重。

三、辭職信

　　無論是自願或是非自願需要離開就職公司，除了口頭上向上司請辭外，呈上一封辭職信是不可或缺的步驟。撰寫辭職信時要注意用字措辭，勿將辭職信當作發洩的工具，於文中批判老闆或公司的不是，因為你的下一任老闆有可能會要求你的前任老闆提供關於你在職時的資料，以作為聘用與否的參考，亦或是他日尚有在別處合作的機會。辭職信的內容可包含以下幾點：

① 簡述辭職原因。

② 向公司、上司與同事表達照顧的謝意。

③ 註明離職日期，辭去的工作職位。

小博士解說

辭職信禁忌：

1. 避免於信中呈現負面情緒：謾罵上司、同事或公司制度……等。
2. 否認或粉飾被辭退的事實。
3. 吹噓自己對公司的貢獻及成就。
4. 展現冷血無情的一面：因為工作的「圈子小」，所以不需要表現永無合作機會的意思。

書卡禮儀

• 道歉卡 / 商業書信 / 辭職信

❶ 道歉卡	▶	用於不經意致使他人身體或心理受傷而需致歉時所用的書卡。
❷ 商業書信	▶	主要為商務人士用於溝通彼此想法和意見。
❸ 辭職信	▶	撰寫辭職信時要注意用字措詞，勿將辭職信當作發洩的工具。

• 辭職信內容

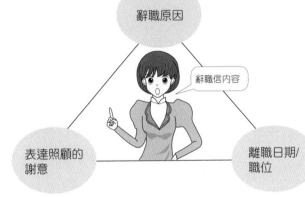

辭職原因

辭職信內容

表達照顧的謝意

離職日期/職位

• 辭職信禁忌

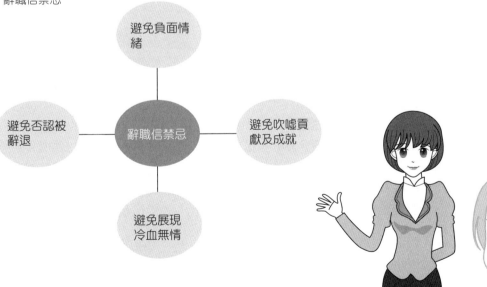

避免負面情緒

辭職信禁忌

避免否認被辭退

避免吹噓貢獻及成就

避免展現冷血無情

UNIT 5-5 合宜的書信文字表達

文字是表達思想感情的工具，自有文字以來，人們便利用撰寫書信的方式聯絡感情、互通消息與交際應酬等。隨著科技日新月異，人們溝通方式也日益多元，不過，當遇見如：道歉、求情、表達暗戀情愫等尷尬情況時，回歸利用文字表達，撰寫書信可說是個不錯的方法。

不過在撰寫書信前，有幾個原則要先把握，用字遣辭才會精準無誤，不然一個不小心容易弄巧成拙，反而達不到原先希望達到的目的。以下將列舉出撰寫書信前應有的認識，及撰寫書信時文字表達方面應注意事項：

一、撰寫書信前應有的認識

(一) 特定對象

每封書信必須針對撰寫對象的身分、地位，選擇合宜有禮的陳述方式完成寫作，此對象可以是個人、團體或機關。

(二) 了解撰寫目的

撰寫書信時，唯有了解爲何撰寫，才會知道該採用何種語氣及態度與收件者溝通，讓訊息可以清楚表達。

(三) 採用適當格式

書信的格式及專業用語的採用，必須依照收件者的身分、地位及年紀而有所不同，才能符合禮節，恰當合適。例如：給長輩的信，語句需要謙恭有禮；給平輩的信，語句則要不卑不亢；給晚輩的信，則要親切和藹，其中的差別若是不清楚，就容易弄錯而貽笑大方，甚至造成誤會。

二、撰寫書信時文字表達注意事項 (1)

一般來說，書信可以簡單分為公務書信及私人書信兩大類型。兩種不同的書信，撰寫方式均有需要注意的地方，以下內容將進一步做解釋：

(一) 公務書信撰寫要點

所謂公務書信，意指因工作而進行的社會交際或公務往來的書信。撰寫公務書信時，需使用端莊典雅的書信語詞，以表達誠懇的態度；一些個人的感情用語，容易使事情變得較爲複雜，應盡量避免；內容部分應力求精簡明白，內文主體以事務的主題及預期目標爲主要訴求。

公務書信包含：求職信、推薦信、表揚信、投訴信及祝賀信等。

書卡禮儀

• 撰寫書信前應有的認識

撰寫書信前應有的認識	特定對象	▶ 針對撰寫對象的身分、地位，選擇合宜有禮的陳述方式完成寫作。
	了解撰寫目的	▶ 了解為何撰寫，才會知道該採用何種語氣及態度與收件者溝通。
	採用適當格式	▶ 書信的格式及專業用語的採用，必須依照收件者的身分、地位及年紀而有所不同，才能符合禮節，恰當合適。

• 公務書信撰寫要點

公務書信撰寫要點	▶ 使用端莊典雅的書信語詞以表達誠懇的態度。
	▶ 內容部分應力求精簡明白。
	▶ 內文主體以事務的主題及預期目標為主要訴求。

• 公務信種類

公務信種類	▶ 求職信
	▶ 推薦信
	▶ 表揚信
	▶ 投訴信

書卡禮儀

知識補充站

電子郵件建議內容包含：

✎ 寫信	收件者 To
收件匣 (100)	副本 CC
草稿匣 (20)	密件副本 BCC
寄件備份匣	主旨 Subject
垃圾信件匣 (10)	
垃圾筒	📎 附加檔案 Attachments
信件匣 (40)	稱謂 Salutation
	本文 Body
	結語 Complimentary Close
	署名

UNIT 5-6 撰寫書信時文字表達注意事項 (2)

一、私人書信撰寫要點

雖然時代變遷，撰寫書信可不需過於拘泥規範，但若對象為長輩、長官或是父母，下筆時仍要注意禮貌，態度要誠懇。

(一) 內文開頭稱謂

❶ 中式寫法：對自己的親屬尊長不加名字，如：「祖父母親」、「父母親」、「伯父母」等。對其他長輩或平輩，可加字或號（或加名）；對晚輩則加名。但皆不可連名帶姓寫在一起。

❷ 西式寫法：熟稔的朋友或工作夥伴，可直接稱呼姓名。但於正式信函中，必須稱呼對方全名，例如：「Dear John Smith」或加上公司，或學術頭銜，例如：「Dear Dr. John Smith」。

(二) 內文開頭語

每封書信無論目的為何，都可在內文開頭處清楚表達，以幫助收件者快速獲知此書信用意。

(三) 正文

寄件者利用內文篇幅敘述主要事件，撰寫時，需把握對人、對事得體適當的態度。

(四) 結尾敬詞

中式書信結尾必須依據書信的性質及收件者的身分地位而定，對於長輩用「肅此」、「謹此」；對平輩用「此」、「專此」、「特此」；對晚輩用「匆此」、「草此」。

(五) 問候語

❶ 中式結尾問候語

對祖父母及父母，可用「敬請　福安」、「叩請　金安」。

對其他長輩，可用「敬請　鈞安」、「恭請　崇安」。

對師長可用「敬請　道安」、「恭請　教安」。

對平輩可用「敬請　大安」、「順頌　時綏」。

對晚輩可用「順問　近祺」、「即問　近好」。

❷ 西式結尾語：較常見的包含：「Best regards！」、「Sincerely」（敬意）、「Good luck to you！」（祝您好運！）、「All my best wishes for the future！」（祝您一切順利！）等。

(六) 署名

❶ 中式寫法：署名時，依照雙方關係加上自己的稱呼。對祖父母用「孫」、「孫女」；對父母用「兒」、「女」；對師長用「受業」、「學生」。署名下敬辭使用方式，對尊親用「敬稟」、「叩上」；對其他長輩用「謹上」、「敬上」；對平輩用「敬啓」、「謹啓」；對晚輩用「示」、「手書」。

❷ 西式寫法：只要清楚註明自己姓名即可。

書卡禮儀

• 私人書信撰寫要點

內文開頭稱謂	中式寫法	對自己的親屬尊長	▶ 不加名字，如「祖父母親」、「父母親」、「伯父母」等。
		對其他長輩或平輩	▶ 可加字或號（沒有字、號可加名字）。
		對晚輩	▶ 加名字。
	西式寫法	熟稔的朋友或生意上的夥伴	▶ 可直稱對方的姓名。
		正式信函	▶ 必須稱呼對方全名。

• 中式書信結尾敬詞

中式書信結尾敬詞	長輩	▶「肅此」 ▶「謹此」	
	平輩	▶「此」 ▶「專此」	▶「特此」
	晚輩	▶「勿此」 ▶「草此」	

• 中式結尾問候語

中式結尾問候語	對祖父母及父母	▶「敬請　福安」、「叩請　金安」
	對其他長輩	▶「敬請　鈞安」、「恭請　崇安」
	對師長	▶「敬請　道安」、「恭請　教安」
	對平輩	▶「敬請　大安」、「順頌　時綏」
	對晚輩	▶「順問　近祺」、「即問　近好」

書卡禮儀

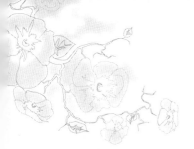

第6章 / 餐飲宴會禮儀

　　國無疆界，全球人類或因旅行、或因公務頻繁往來，接觸到各國不同美食機會也大大增加，不過為避免因不了解外國飲食文化而出糗，事前了解不同國家的飲食文化實屬必要，也非常實用。

本章重點

UNIT 6-1 中餐禮儀 (1)

一、前言

　　自從政府大力推行國際禮儀以來，國人對於西餐的用餐禮儀已略知一二，但卻不知其實中餐宴會也有許多必須遵守的相關禮儀（俗話說禮數）需要注意，一個不留神很容易就變成大家茶餘飯後的笑柄喔！

二、認識餐具及餐具擺法

　　中式宴會，每個座位上會放置筷子一雙、湯匙一支、碗一個、餐盤、餐巾各一，有些餐廳會提供筷架；水杯或飲料杯置於右前方；調味用之小碟子置於左前方，喝熱茶用的茶杯則置於左前方。如果要喝烈酒（例如：紹興酒、高粱酒），可請服務生協助提供小酒杯。

三、餐具使用禮儀 (1)

(一) 筷子

　　使用筷子時，一般來說是左碗右筷成雙使用（左撇子相反），不可單枝插入食物使用。進餐時與人交談，應將筷子暫放在筷架上或筷尖朝前置於餐盤右側縱擺。主人宴客時，可熱情招呼請客人多用菜，但不可使用自己的筷子夾菜給客人。其他使用筷子的注意事項：

1. 不可將筷子直接插在白飯上或碗裡。
2. 與人談話時，勿揮舞筷子，以免傷到人。
3. 勿舔筷子或將筷子含在嘴裡。
4. 勿用筷子剔牙。

(二) 湯匙

　　中餐中，湯匙是用來喝湯或是輔助筷子取食之用。正式用法應將湯舀到碗內，右手持湯匙由外向內舀湯就口喝，喝湯時不可發出聲音；當喝到剩下一些湯汁時，需利用左手將碗往前傾斜，讓湯汁集中再舀來喝，切勿直接拿起湯碗就口喝湯。另外，當湯匙作為筷子夾菜的輔助工具時，則以左手持之，勿單手同時拿筷子及湯匙，喝湯時須先將筷子放下。

(三) 碗

　　碗可分為飯碗及湯碗，無論哪一種碗，使用時除了大拇指輕靠在碗的上緣，其餘指頭均放置於碗底以支撐碗的重量，勿用整個手掌拖住碗底。用碗時應以碗就口，勿將碗放在桌上趴著吃飯。

(四) 盤子

　　座位上的餐盤主要功能為放置食物及菜渣，若餐盤上菜渣過多，可請服務生更換。

• 中餐餐具擺設

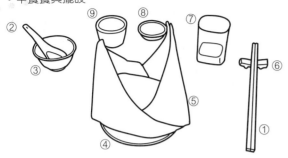

① 筷子　　⑥ 筷架
② 湯匙　　⑦ 飲料杯
③ 碗　　　⑧ 調味用小碟子
④ 餐盤　　⑨ 茶杯
⑤ 餐巾

• 使用筷子的注意事項

| ⚠ 與人談話時，勿揮舞筷子，以免傷到人。 | ⚠ 不可將筷子直接插在白飯上或碗裡。 |
| ⚠ 勿用筷子剔牙。 | ⚠ 勿舔筷子或將筷子含在嘴裡。 |

• 餐具使用注意事項

❶ 湯匙	▷ 湯匙是用來喝湯或是輔助筷子取食之用。 ▷ 正式用法應將湯舀到自己碗內，右手持湯匙由外向內舀湯就口喝，切勿直接拿起湯碗就口喝湯。 ▷ 喝湯時不可發出聲音以免失禮。
❷ 碗	▷ 碗可分為盛飯的飯碗及喝湯用的湯碗。 ▷ 勿用整個手掌托住碗底。
❸ 盤子	▷ 主要功能是讓用餐者放置食物及菜渣。
❹ 水杯	▷ 右前的非高腳的玻璃杯是用來裝水或是果汁，不可用來裝酒。
❺ 茶杯	▷ 用陶瓷材料所製成，是專門用來裝熱茶的杯子。
❻ 牙籤	▷ 使用時應離席至洗手間，亦不可叼著牙籤向人說話，以免危險。
❼ 旋轉桌	▷ 轉動旋轉桌取菜前，須確定是否有同桌賓客正在取菜。 ▷ 轉動旋轉盤時應輕輕地以順時鐘方向轉動。 ▷ 旋轉桌上應配置公筷母匙。

餐飲宴會禮儀

UNIT 6-2 中餐禮儀 (2)

(五) 水杯

　　用來裝水或是果汁的玻璃杯，不可用來裝酒。

(六) 茶杯

　　一般都是用陶瓷材料製成，是專門用來裝熱茶的杯子。

(七) 牙籤

　　使用牙籤時應離席至洗手間，當眾使用既不雅觀、也不衛生；亦不可叼著牙籤對人說話，以免危險。

(八) 旋轉桌

　　中國人多數使用方便談話的圓桌，同時再擺上一個旋轉桌以利取菜，轉動旋轉桌取菜前，須確定是否有同桌賓客正在取菜，待他人取用完畢時再轉；轉動旋轉盤時，應輕輕地以順時鐘方向轉動。顧及公共衛生，旋轉桌上應配置公筷母匙。

(九) 上菜順序

　　一般來說中國人認為「雙數」較為吉利，所以中式餐點會安排十道菜左右，其上菜順序為：

❶ 冷盤。　　　　　❷ 接下來為熱炒，這 2 道菜均屬於開胃菜。

❸ 如有肉有魚，則會先上肉（雞肉、豬肉或其他海鮮料理）。

❹ 最後一道常以鮮魚為主，以代表年年有魚的好兆頭。

❺ 甜湯、品（甜的點心）及水果。通常上到甜湯時，表示菜肴已結束，宴會已近尾聲。

四、餐桌禮儀

(一) 酒與飲料

　　在餐宴上酒與飲料是不可或缺的，中國人飲酒喜歡邀請別人共飲，以達感情交流的目的，但是基於禮節，切記不能強迫他人乾杯。開始用餐後，第一杯酒留給主人向賓客敬酒，之後視情況互敬，不過晚輩與下屬應雙手捧杯，起立向長輩或長官敬酒。在餐桌上如欲為人斟酒或飲料，除在桌面上直接添加外，均由對方之右側為其斟酒。勿一手拿筷子，另一手拿酒杯敬酒或取食。

(二) 用餐期間禮儀

❶ 未上菜前：不宜玩弄餐具發出聲響或頻頻離座。

❷ 入座時，身體與餐桌間距約一個拳頭，不宜過近或過遠。

❸ 用餐過程中，勿於席間大聲喧嘩、抽菸及吃檳榔。

❹ 在餐廳用餐均會使用公筷母匙，公筷用完後，須擺在公盤右邊，筷尖置於盤內、筷頭超出盤外，以便下一位使用。同時應避免翻攪菜肴、挑菜的動作。

• 上菜順序

冷盤　　　　　熱炒　　　　　肉/海鮮　　　　　魚　　　　　甜品

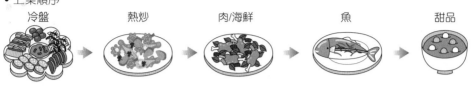

• 酒與飲料

不能強迫他人乾杯。

勿一手拿筷子，另一手拿酒杯敬酒或取食。

第一杯酒留給主人向賓客敬酒。

由對方之右側為其斟酒。

晚輩與下屬應雙手捧杯起立向長輩敬酒。

• 用餐期間禮儀

注意事項	禮儀
❶ 未上菜前	▶ 餐具不發出聲響或頻頻離座。
❷ 入座時	▶ 身體與餐桌間距約一個拳頭之距離。
❸ 用餐過程中	▶ 不大聲喧嘩、抽菸及吃檳榔。 ▶ 取菜時勿過量。 ▶ 食用饅頭或包子時，以右手撕一片吃一口方式食用。
❹ 注重衛生	▶ 使用公筷母匙。 ▶ 避免翻攪菜肴。

餐飲宴會禮儀

UNIT 6-3 \ 中餐禮儀 (3)

⑤ 中國菜色美味多樣，但並非每樣均符合自己的喜好，所以取菜時勿一次取用過多，萬一吃不下或是不合胃口而留在碗盤中，對主人是不禮貌的，主人會誤以為是菜色不好，招待不周。

⑥ 有些人習慣用力拍破溼紙巾包裝，但發出的巨大聲響很容易嚇到其他用餐的來賓。正確合宜的方法是用手撕開塑膠套，將溼紙巾取出放在塑膠套上，擺在左邊即可。

⑦ 若菜色中有供應饅頭或包子，應以右手撕取一片吃，不宜一手拿著饅頭或包子吃，另一手同時拿筷子取菜。

五、席次及桌次安排

中國人非常重視倫理常規及喜好圓滿感覺，所以宴客時都是夫妻同坐，同時在席次的安排上也有一些重要原則需要遵守，無論是主人或是賓客，對此均要有基本概念，才不至於有反客為主或是賓主不分的狀況產生。

(一) 一桌時

原則上是主人背坐在離門較近的地方，以便迎接賓客到來。主賓則坐在離門較遠或面向門口的位置。

(二) 二桌時

當場地內擺放兩桌，且用並排方式擺放時，擺放方式為面向門口之右手邊為主桌，左手邊為次桌

(三) 三桌時

當宴會場地內擺放三張宴會圓桌時，有三種擺法。

(四) 四桌時

又可分成兩種擺法。

(五) 五桌時

同樣可分為兩種排法。

小博士解說

臺灣特有的打包菜肴文化：

以往婆婆媽媽在宴會結束後打包未食用完畢的菜肴回家，讓人有貪婪的聯想。但隨著時代風氣改變，環保意識抬頭，「打包」反而變成不浪費食物的表現，因此許多餐廳甚至飯店的服務生，會在宴席將結束時，主動詢問賓客是否需要打包，賓客若有喜歡的菜色，可以大方請服務生協助。

餐飲宴會禮儀

- 席次及桌次安排：一桌

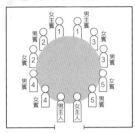

男女主人(男左女右)同坐，男女賓則成對自上而下、自右而左。

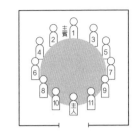

主人與主賓對坐，席次之順位自上而下、自右而左。

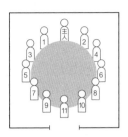

當主人的地位高於其他賓客時，主人的座位可居中，席次之順序自上而下。

- 席次及桌次安排：
  二桌　　　　三桌

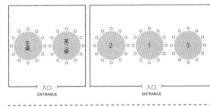

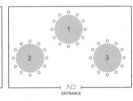

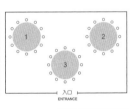

- 席次及桌次安排：四桌

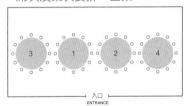

四圓桌擺法一

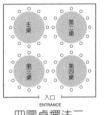

四圓桌擺法二

- 席次及桌次安排：五桌

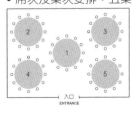

五圓桌擺法一

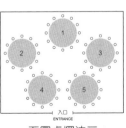

五圓桌擺法二

UNIT 6-4 西餐禮儀

餐飲宴會禮儀

一、前言

隨著國民所得日益增加，國人至國內外吃西餐，已成為稀鬆平常之事；因此本節將針對西方餐飲文化幾個重要項目進行說明。

二、餐具介紹及擺法

西式餐具琳琅滿目，包含：刀、叉、湯匙、杯、盤、餐巾等，其正確擺法從右至左分別為：白酒杯、紅酒杯、水杯、刀及湯匙，左側則放置麵包、奶油盤加奶油刀、叉子，餐巾則放在中間的餐盤上。

三、餐具使用禮儀

(一) 餐巾

餐巾是用來擦手或以餐巾四角小心擦嘴，切忌用來擦臉或是拭汗。坐定後、用餐前，將餐巾對摺平放在大腿上，並將摺痕對向自己放於膝上，勿將餐巾像圍兜一樣圍掛在胸前。用餐時，若需暫時離開座位，須將餐巾擺放在椅背（面）或扶手上；用完餐離席，則將餐巾摺好放置於桌上左邊即可。

(二) 刀叉

使用西餐餐具時請記得，餐具（刀、叉及湯匙）都是從遠到近的方向開始使用；每道菜使用一種餐具。另外，西餐中幾乎所有食材均需用刀切割成小塊以便入口。刀叉正確的使用方法為右手拿刀、左手拿叉搭配使用。吃牛排時，建議同歐洲人的習慣，從左至右切一塊吃一塊。

在用餐過程中暫時停下，刀叉須略呈八字形擺放在盤上，用餐完畢時，則需將刀叉握把向右，叉尖向上，刀口向內並排放在盤子上，同時與桌緣略呈30度角，服務人員見狀，即會將餐盤收走。

(三) 杯子

西餐廳桌上均會擺放水杯、紅酒杯及白酒杯，每個杯子只裝原定要裝的水或酒，不要混用，以免影響酒類原有風味。

(四) 碗

西餐桌上擺放的碗是用來喝湯的，可先將湯內的食材吃完再喝湯。若是有把手的湯碗，可用手直接將碗拿起就口喝湯；若是無碗把的湯碗，則需使用湯匙，由裡向外將湯送入口中。當湯汁剩下不多時，可輕扶湯碗或盤緣，讓湯碗或盤向外傾斜，以便使用湯匙將剩下的湯舀起。

• 餐具介紹及擺法

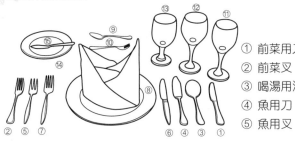

① 前菜用刀 ⑥ 肉用刀 ⑪ 白酒杯
② 前菜叉 ⑦ 肉用叉 ⑫ 紅酒杯
③ 喝湯用湯匙 ⑧ 餐巾 ⑬ 水杯
④ 魚用刀 ⑨ 點心用湯匙 ⑭ 麵包盤
⑤ 魚用叉 ⑩ 點心用叉 ⑮ 奶油刀

• 西餐餐具使用禮儀：刀叉

用餐中途休息時刀叉擺放方式　　　用餐完畢，刀叉擺放方式

• 西餐餐具使用禮儀：餐巾

以餐巾四角小心擦嘴

不可用餐巾擦臉或拭汗

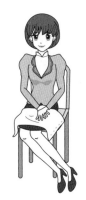

餐巾摺痕對向自己放於膝上

勿將餐巾像圍兜一樣
圍掛在胸前

暫時離開，須將餐巾
放在椅背上

用完餐離席，將餐巾
摺好放置於桌上

餐飲宴會禮儀

UNIT 6-5 西餐禮儀——上菜順序

西餐的上菜順序，除了白開水會先送上桌外，其餘如下說明：

(一) 開胃菜

可用手直接拿取的開胃菜，例如：鹹餅乾、小三明治等或是需使用刀叉的小點心。

(二) 生菜沙拉

食用時需要使用刀叉，若有較大或不好處理的蔬菜葉片，可用刀叉切割成方便入口的大小。

(三) 湯

以右手拿湯匙舀起湯後，湯匙底部要先在湯碗或盤邊輕擦一下，避免附於湯匙下的湯汁滴落。湯不要舀得太滿，且無論多燙都不可以用口將湯吹涼或用湯匙攪拌。第一口湯一定要品嚐原味，以示對廚師的敬意，若需加入其他調味料，於第二口後再加。

(四) 麵包

麵包通常與湯同時上桌，食用時需用手將麵包撕成一小塊，沾湯或塗抹奶油食用，不能將麵包整塊拿起來咬。

(五) 主餐

西式主餐為肉、魚或蝦等。若是帶骨肉類，須用刀叉將骨頭與肉切開再食用；若為烤肉串，則需將肉從串肉工具上取下，放置盤中再取用；若主餐為魚，則先吃上層魚肉，吃完後將魚骨頭移開，再吃下層的肉，切記不可翻面；海鮮類則需用刀叉先去殼，取出肉再食用。所有肉類均不可徒手取用。

(六) 甜點

包含冰淇淋、蛋糕、派、布丁等。吃派及三角形蛋糕時需要使用刀叉，而布丁、冰淇淋則使用甜點專用的小湯匙。

(七) 水果

在西餐中，食用水果仍需使用刀叉。食用香蕉、葡萄及瓜類，均先用刀叉去皮，再切成一口大小食用；至於蘋果，則先切為四等份，除去中間心蕊部分後，再切成一口大小食用。

(九) 茶或咖啡

用餐完畢後，賓客可選擇茶或咖啡飲用，且可視喜好酌量加入糖或奶精（鮮奶）輕輕攪拌，紅茶也可單獨加入檸檬片飲用，攪拌後的小湯匙需放在杯下的小盤子上。

餐飲宴會禮儀

• 上菜順序及注意事項

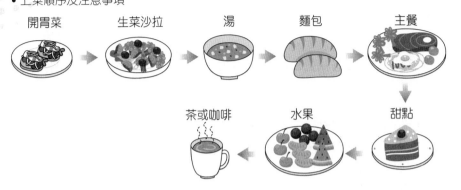

開胃菜　生菜沙拉　湯　麵包　主餐

茶或咖啡　水果　甜點

❶ 開胃菜	▶ 可用手直接拿取的開胃菜，或是一些需要使用刀叉的小點心。
❷ 生菜沙拉	▶ 食用時亦需使用刀叉，若有較大或不好處理的蔬菜葉片，可以在沙拉盤上用刀叉切割成方便入口的大小。
❸ 湯	▶ 右手拿湯匙舀起湯後，湯匙底部要先在湯碗或盤邊輕擦一下，避免讓附於湯匙下的湯汁滴落。 ▶ 湯不要舀得太滿。 ▶ 無論多燙都不可以用口將湯吹涼或用湯匙攪拌。 ▶ 第一口湯一定要品嚐原味，以示對廚師的敬意。
❹ 麵包	▶ 食用時需用手將麵包撕成一小塊，沾湯或塗抹奶油食用。 ▶ 不能將麵包整塊拿起來咬。
❺ 主餐	▶ 主餐為肉、魚或蝦等為主。 ▶ 帶骨肉類須先用刀叉將骨頭與肉切開再食用。 ▶ 烤肉串則需將肉從串肉工具上取下，放置盤中再取用。 ▶ 魚類則先吃上層肉，吃完後將魚骨頭移開，再吃下層的肉，切記不可翻面。 ▶ 海鮮類則需用刀叉先去殼，將肉取出再食用。
❻ 甜點	▶ 吃派及三角形蛋糕時仍需使用刀叉。 ▶ 布丁、冰淇淋則可使用甜點專用的小湯匙。
❼ 水果	▶ 西餐中，食用水果仍需使用刀叉。 ▶ 食用香蕉用刀叉去皮後，再切成一口大小食用。 ▶ 食用葡萄同樣以刀叉去皮，去完皮後，用刀將葡萄切成兩半食用。 ▶ 食用西瓜或木瓜等瓜類，先用刀子將果肉及果皮分開，再用刀叉切成一口大小食用。 ▶ 食用蘋果則先用刀叉將其分為四等份，除去中間心蕊部分後，再切成一口大小食用。

餐飲宴會禮儀

UNIT 6-6 西餐禮儀——酒的禮儀

一、酒的種類及送酒程序

西式餐宴中，酒爲輔佐食物的重要角色，因此送酒程序必須搭配餐點，同樣分爲開胃酒（餐前酒）、餐中酒及餐後酒。

(一) 開胃酒

宴會開始前半小時飲用。開胃酒通常以口味較爲清淡的酒爲主，例如：雪莉酒（Sherry）、琴酒（Gin&Tonic）、雞尾酒（Cocktail）等。當然，不會喝酒的人可點其他飲料替代，例如：礦泉水或可樂。

(二) 餐中酒

搭配主菜及副菜的酒，以酒精含量較低的葡萄酒爲主。不同食物搭配不同的酒，其大原則是紅肉（牛、羊、豬）搭配紅葡萄酒，白肉（魚、雞及海鮮）搭配白葡萄酒。

(三) 餐後酒

助興用意爲主，常用較爲濃、香或烈的酒，如：白蘭地、威士忌、香甜酒，不但助消化，更可幫助醞釀餐後宴會溫馨氣氛。在有些較不正式且輕鬆的筵席中，常以啤酒作爲助興的選擇。

二、酒杯種類

歐美地區人民飲用不同酒類，不但使用不同的酒杯，且持杯方式也不盡相同。在西式餐宴中，用錯杯子喝錯酒或持杯方式錯誤，都是很失禮的行爲。以下介紹西餐中較常使用的酒杯提供參考：

(一) 葡萄酒杯：可分爲紅酒杯、白酒杯及香檳杯

❶ 紅酒杯：屬於高腳杯、杯肚較圓略大，杯口較寬。

❷ 白酒杯：外形與紅酒杯相似，但杯型較紅酒杯稍瘦，容量較紅酒杯小一點，杯口也較小一點。

❸ 香檳杯：用來盛有氣泡的香檳或氣泡酒，與紅、白酒杯相比，其杯型最爲細長，杯口略微內縮以免氣泡快速散失。

(二) 調酒用杯

樣式多元，包含雞尾酒杯，也有杯身稍長的高飛球杯款及呈圓筒狀的可林杯款。

(三) 烈酒及甜酒用杯

一般飲用烈酒會用一口杯（Shot Glass），較小無座。但是若要加入冰塊（如威士忌）則用古典杯；飲用甜酒時所使用的酒杯同爲高腳杯，但是杯身較小；至於飲用白蘭地的酒杯同爲高腳杯，但是杯身寬扁，方便讓手掌握住杯身，好利用手掌溫度讓酒散發香氣。

• 上菜順序及注意事項

開胃酒
- 🍷 雪莉酒(Sherry)　🍷 苦艾酒(Vermouth)
- 🍷 琴酒(Gin&Tonic)　🍷 雞尾酒(Cocktail)
- 🍷 金巴利(Campari)

🍷 酒精含量較低的
葡萄酒(wine)

餐中酒

餐後酒

🍷 白蘭地、威士忌
(Whisky)

🍷 香甜酒(Liqueurs)

• 酒杯的種類

杯種			特色
❶ 葡萄酒杯	紅酒杯		▶ 高腳杯，杯肚較圓略大，杯口較寬
	白酒杯		▶ 高腳杯，但杯型較紅酒杯稍瘦，容量較紅酒杯小一點，杯口也較小
	香檳杯		▶ 高腳杯，杯型最為細長，杯口略微內縮以免氣泡快速散失
❷ 調酒用杯	雞尾酒杯		▶ 常見
	高飛球杯		▶ 杯身稍長
	可林杯		▶ 圓筒狀
❸ 烈酒及甜酒用杯	一口杯		▶ 較小無座
	古典杯		▶ 可加入冰塊（如威士忌）
	甜酒杯		▶ 同為高腳杯，但是杯身較小
	白蘭地酒杯		▶ 同高腳杯，但是杯身寬扁

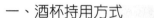

UNIT 6-7 西餐禮儀──各式酒杯持用方式及餐點搭配

餐飲宴會禮儀

一、酒杯持用方式

(一)葡萄酒杯:握住杯腳。

(二)細長杯腳的雞尾酒杯:握住杯腳。

(三)白蘭地酒杯:用手掌包住杯身,利用手的溫度讓酒香散出。

(四)細長形啤酒杯:握住杯身下方較細的部分。

(五)平底酒杯:例如平底雞尾酒杯等持法為以手持底部。

二、酒與餐點搭配

餐酒搭配是一門藝術,雖複雜但也有規則可循,原則就是酒不能蓋過餐的味道,餐亦不能蓋過酒的味道。

白葡萄酒口味清淡,酸度高且有去腥功能,適合搭配口感細膩、清淡如海鮮等白肉。而紅葡萄酒口感濃郁,果香豐富,其中所含之單寧酸不僅解油膩,還能增添肉排的美味。以下簡單幾個餐酒搭配的原則可供參考:

(一)清淡型白葡萄酒

❶ 白貝露(Pinot Blanc)、汽酒(Sparkling Wine)、白沙威濃(Sauvignon Blanc)、清純型霞多內(Unwooded Chardonnay)、威士蓮(Riesling)。

❷ 適合搭配:淡味起士、沙拉、淡味海鮮、壽司、清蒸海鮮、清蒸豆腐、白灼蝦等口味清淡的餐點。

(二)中淡型白葡萄酒、非常清淡的紅葡萄酒

❶ 沙美龍(Semillon)、雪當利(Chardonnay)、Beaujolais Nouveau、威士蓮(Riesling)、寶祖利新酒、灰皮諾(Pinot Noir)。

❷ 適合搭配:魚翅、滷水鵝肝、鮑魚、油泡響螺、炒蔬菜、淡至中味芝士龍井蝦仁等口味中等的餐點。

(三)中濃型紅葡萄酒

❶ 偏濃的布根地紅酒、義大利紅酒、波爾多紅酒、西班牙紅酒、部分新世界的梅樂(Merlot)、仙粉黛(Zinfandel)。

❷ 適合搭配:南京醬鴨、風乾和煙燻肉類、紅燒魚、東坡肉、肥叉燒、鐵板燒雞等口味較重的餐點。

(四)甜味型葡萄酒,適合搭配甜點

❶ 冰酒(Ice Wine)、貴族梅甜酒(Noble Rot)、晚收甜酒(Late Harvest Wine)。

❷ 適合搭配:香煎鵝肝、餐後甜品、水果、乾果、重味起士、雪糕、巧克力等餐點。

• 各式酒杯的持用方式：

杯種	持握方法	圖示
❶ 葡萄酒杯	握住杯腳	
❷ 細長杯腳的雞尾酒杯	握住杯腳	
❸ 白蘭地酒杯	用手掌包住杯身，利用手的溫度讓酒香散出。	
❹ 細長形啤酒杯	握住杯身下方較細的部分	
❺ 平底酒杯	以手持底部	

知識補充站

酒杯保養小祕訣

1. 不能用機器或用絲瓜布擦洗，用手清洗是最的安全方法。

2. 手洗步驟如下：

(1) 取長柄軟毛刷沾取稀釋的溫和洗潔劑，一手持刷，一手用手指夾住杯腳，慢慢的逐一清洗。

(2) 沖水時輕握杯口部分同時注意水量，太強的水柱可能會導致酒杯破裂。

(3) 瀝乾酒杯時，應先在檯面鋪上一塊軟毛巾或厚紙巾，再將杯口倒扣，讓酒杯自行風乾，不建議用布或紙巾擦拭酒杯，以免留下棉絮或痕跡。

餐飲宴會禮儀

UNIT 6-8 西餐禮儀──用餐禮儀

一、進入餐廳時，應於服務臺前等候服務人員帶位，勿自行進入見到空位即坐下。

二、進入餐廳後，男士可為女士拉椅子以利入坐，或待女性坐定位後再坐下。

三、冬季時進入室內，於入口處可將外套、圍巾、帽子、手套脫下，若有帶傘、手杖等，可同時交予主人（在主人家）或服務生（餐廳、飯店）一併協助處理。

四、就座時，女性可將包包放在腰部與椅背的中間，身體應與桌緣保持 1 ～ 2 個拳頭的距離。

五、待賓客到齊，主人打開餐巾，賓客才可隨之打開餐巾。餐巾打開之後，才可動用其他餐具。

六、主人邀請賓客點餐時，不可說「隨便」、「都好」或「跟您一樣」，也不可特意點最貴的餐點，若不懂得如何點餐，可以詢問服務生。

七、服務生上菜時，應先提供賓客的餐點，主人的最後才送上，主人需注意是否所有賓客均已拿到餐點。

八、用餐過程中，刀叉若不慎掉落地面，可請服務生再提供，不需自己彎下腰撿起。

九、用餐過程中，發出怪聲響、打嗝或放屁，都是不雅的行為。若不小心發生上述行為，應立即向同桌賓客說「抱歉」。

十、若餐點為義大利麵，不可直接用叉子將麵送入口後吸麵條，應右手拿叉捲些麵條，再用左手拿湯匙輔助進食。

十一、食用披薩時，不可直接用手拿取食用，仍需使用刀叉，從尖角開始一口口切塊食用。

十二、進食速度需配合主人及其他賓客，勿過快或過慢。

十三、用餐過程中如需服務人員協助，只要以眼神或舉手示意即可，勿大聲呼喊。

十四、用餐過程中，若食材中有骨頭或殘渣，不可直接吐在餐盤或桌上。

十五、女性賓客不可在席間補妝或整理儀容。如有需要，應暫時離開座位至廁所進行。

十六、用完餐，不宜在餐桌上使用牙籤或用手指剔牙，如有需要，應暫時離開座位至廁所進行。

• 用餐禮儀

事項	禮儀
❶ 點餐時	▷ 不可說「隨便」，也不可以特意點最貴的餐點。
❷ 上菜時	▷ 主人的最後才送上，且需注意是否所有賓客均已拿到餐點。
❸ 刀叉	▷ 不慎掉落地面，可請服務人員再提供。
❹ 用餐過程	▷ 發出怪聲響、打嗝或放屁，都是不雅的行為。 ▷ 進食速度勿過快或過慢。
❺ 義大利麵	▷ 食用時，應右手拿叉捲些麵條，再用左手拿湯匙輔助進食。
❻ 披薩	▷ 食用時，仍需使用刀叉，從尖角開始一口口切塊食用。
❼ 需要服務	▷ 只要以眼神或舉手示意即可，勿大聲呼喊。
❽ 骨頭或殘渣	▷ 不可直接吐在餐盤或桌上。
❾ 補妝或整理儀容	▷ 不可在席間，如有需要，應暫時離開座位至廁所進行。
❿ 剔牙	▷ 用完餐，不宜在餐桌上使用牙籤或用手指剔牙。

知識補充站

吃義大利麵時，使用湯匙及叉子輔助進食。

餐飲宴會禮儀

UNIT 6-9 西餐禮儀——席次安排

一、前言

西式宴會席次安排，以長桌設宴較為常見。但有時也會有圓桌出現，與中式席次男女主人同坐的安排不同，西式席次中男女主人及男女賓客均是對立而坐，而最靠近主人的座位為貴賓席。其他席次安排如下說明：

二、 三項重要原則

(一) 尊右原則：男女主人對坐時，女主人之右為首席，男主人之右次之。

(二) 三P原則

① 以賓客地位（Position）座位安排依據社會地位而定，男賓客之配偶地位隨夫而定，若妻地位比夫高，則依據妻的地位安排座次。

② 政治考量（Political Situation）：如在外交場合，外交部長的座次需高於其他部長。

③ 人際關係（Personal Relationship）：安排座次時，需要同時考量賓客間的交情、語言及從屬關係等。

(三) 分坐原則：男女、夫婦、華洋等以間隔而坐為原則。

三、長桌安排

(一) 形式一：賓客與主人共6人，男女主人對坐，男女賓客相間而坐。

(二) 形式二：賓客與主人共8位，男女賓客夾坐。

(三) 形式三：賓客與主人12人，男女主人於中央對坐，長桌兩側為末座。

四、圓桌安排

(一) 形式一：男女主人對坐，尊位在女主人之右。

(二) 形式二：主人與主賓對坐，座次尊卑由主人的右邊開始安排。

五、馬蹄形桌安排

(一) 形式一

適用於場地寬敞，賓客較多的場合。當男女主人地位高於賓客時，座位安排於中央並肩而坐，座次尊卑由女主人的右邊開始安排起。

(二) 形式二

同樣適用於場地寬敞，賓客較多的場合。不同於第一種排法是當男女主人及主賓地位相同時，男女主人及主賓間隔均坐於中央，以示尊重。如外交部長夫婦宴請他國外交部長夫婦，即可用此種座次安排。

(參考資料：外交部有禮走天下國際禮儀手冊)

餐飲宴會禮儀

• 長桌安排

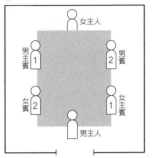

長桌安排形式一

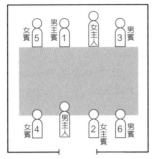

長桌安排形式二

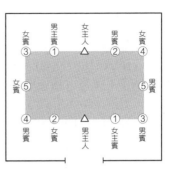

長桌安排形式三

• 圓桌安排

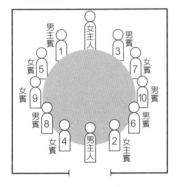

西式圓桌安排形式一

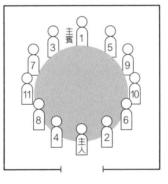

西式圓桌安排形式二

• 馬蹄形桌安排

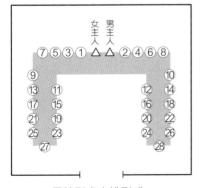

馬蹄形桌安排形式一

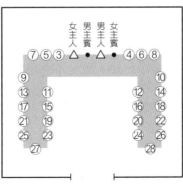

馬蹄形桌安排形式二

餐飲宴會禮儀

UNIT 6-10 \ 西餐禮儀——歐式自助餐禮儀

一、前言

歐式自助餐形式餐會，指在餐廳餐檯上，準備各式冷、熱菜肴、飲料及甜點等，賓客可隨意取用，且不限取用次數及多寡。此種餐會形式主人可不需事先安排座位，進食先後也較不拘泥，氣氛較其他宴會形式輕鬆自在，所以許多人宴客時會採取用此種形式。

二、服裝注意事項

歐式自助餐形式餐會的氣氛較為輕鬆自在，但不代表賓客可以衣著隨便，汗衫、牛仔褲、短褲及布鞋等都是不合適的服裝；賓客可著休閒服或較輕鬆的洋裝參加宴會。

三、取菜順序

參加歐式自助餐式宴會，取用食物時，應依冷、熱、甜食及水果的順序取用。

(一) **冷食**：生菜沙拉、生蠔、麵包等。
(二) **熱食**：豬、牛、雞及羊排、湯品或其他熱燴菜肴。
(三) **甜食**：蛋糕、布丁及冰品。
(四) **飲料**：果汁、茶及咖啡等。

四、取菜要點

(一) 準備取餐時，先取餐盤及叉子，將叉子輕靠在盤緣用大拇指壓住，即可依取菜順序，開始取餐。
(二) 準備取餐時，需要依照先後順序排隊取菜。
(三) 取菜時，需利用盤緣之公用夾或湯匙，用畢後置回原處。不可用其他盤菜肴的公用夾取其他菜肴，此舉動不合禮儀，也會破壞菜肴的美味。

五、其他注意事項

(一) 取菜時，不可以翻攪方式挑菜食用，以免破壞整盤菜色之美觀，影響賓客食慾。
(二) 一個餐盤中勿冷、熱、鹹、甜各種食物混雜，影響口感，同時勿一次取用過多，以免造成浪費。
(三) 已夾進自己餐盤中的食物，不可再放回公共盤中；也不可站在菜肴前先試吃，喜歡才取用。
(四) 取完餐，須回到座位上坐定後才開始食用，勿邊走邊吃。
(五) 須吃完一盤，再取下一盤，勿重複使用餐盤；用完的餐盤勿疊放。
(六) 待口中食物已完全吞嚥後，才起身取用下一盤食物，勿出現邊走邊嚼食物的不雅行為。
(七) 取用飲料時，可用紙巾包住飲料杯下緣，以免滴水弄髒衣服或地板。

• 歐式自助餐取菜順序

冷食	熱食	甜食	飲料

生菜沙拉、生蠔、麵包	肉類、湯品或其他熱燴菜肴	蛋糕、布丁及冰品	果汁、茶及咖啡

• 服裝注意事項

都是不合適的服裝 ✕

❶ 汗衫
❷ 牛仔褲
❸ 短褲
❹ 布鞋

• 歐式自助餐取菜要點及注意事項

事項	正確作法
❶ 取餐前	▷ 依照先後順序排隊取菜。
❷ 夾取食物	▷ 使用每道菜肴旁小碟上或盤緣之專屬餐具取菜。 ▷ 取菜時,不可以翻攪方式挑菜食用。 ▷ 一個餐盤中勿冷、熱、鹹、甜各種食物混雜影響口感。 ▷ 勿一次取用過多。 ▷ 已夾進自己餐盤中的食物,不可再放回公共盤中。
❸ 開始食用	▷ 須回到座位上坐定後才開始食用。
❹ 再取食物	▷ 須吃完一盤再取下一盤,勿重複使用餐盤。 ▷ 待口中食物完全吞嚥後才再取食,勿邊走邊嚼食物。
❺ 餐畢	▷ 用完的餐盤勿疊放。

餐飲宴會禮儀

UNIT 6-11 ＼日式料理禮儀

一、日本料理種類

日本料理（和食）包含 3 種飲食文化，即本膳料理、會席料理（宴會料理）及懷石料理，其中以懷石料理最為有名。

(一) 本膳料理

本膳料理起源於 15 世紀，以往是貴族及武士家庭用來招待貴客的餐宴形式，故用膳時極講究規矩禮法。由於用膳禮儀既嚴格又繁複，因此隨著時代演進，已漸不受重視。這種料理的進食方法，是將置放料理的四方形小桌「角膳」，按照規定的禮法置於客人面前；然後再依招待的輕重及場合，由服務人員開始一道道端出。

(二) 會席料理

發源於 17 世紀的江戶時代，為當今日本最普遍的宴會料理。此料理結合本膳料理及懷石料理的精緻，但用餐氣氛較為輕鬆，為現今日本婚喪喜慶常用的餐會形式，又稱為宴會料理。

會席料理的出菜順序及食材內容如下說明：

(1) 先付（開胃菜）；(2) 前菜：季節性的菜；(3) 吸物（清湯）；(4) 生魚片；(5) 煮物（新鮮季節性蔬菜搭配海鮮）；(6) 燒物（烤魚為主）；(7) 揚物（油炸物，天婦羅為代表）或牛肉；(8) 蒸物（蒸蛋或土瓶）；(9) 醋味（醋味涼拌食物，用以去油膩幫助消化）；(10) 飯；(11) 湯（多為味噌湯）；(12) 醃漬物（和飯一起送出）；(13) 水果（仿西式餐點而增加的）。

(三) 懷石料理

起源於 16 世紀，在古代進行茶道前所進食的懷石料理（1 湯 3 菜），其用意是止飢，避免空腹飲茶，以達保護腸胃的效果。然而隨著時代進步，懷石料理已轉變成為精緻、講究的日本料理（2 湯 7 菜或 2 湯 8 菜），並成為現代日本料理中價位高檔、食材慎重及頂級享受的代名詞。懷石料理的最大特色就是配合季節，除選擇新鮮的海產、蔬果等食材外，還要搭配精緻餐具、環境布置及服務品質。

餐飲宴會禮儀

• 日本料理種類

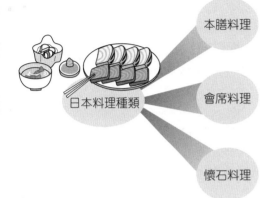

日本料理種類　→　本膳料理

日本料理種類　→　會席料理

日本料理種類　→　懷石料理

- -

• 本膳料理

本膳料理

▸ 以往是貴族及武士家庭宴客形式。

▸ 極講究規矩禮法，拿筷子的方式。

▸ 由於禮儀既嚴格又繁複，至今已很難得看到。

- -

• 會席料理出菜順序

先付（開胃菜）　前菜　吸物（清湯）　生魚片　煮物

 → → →  →

飯／醃漬品　醋味（涼拌）　蒸物　揚物（油炸物）　燒物（烤魚）

 ← ← ←  ←

湯（味噌）　水果

 →

餐飲宴會禮儀

UNIT 6-12 ＼ 日式料理──用餐禮儀

一、玄關

抵達餐廳進入玄關前，須先面朝包廂脫鞋，並用手將鞋尖朝外，將鞋子靠近包廂擺放整齊；同時早到的人應將鞋子放在較遠的位置，留下較中間的位置給晚到賓客使用。

二、入席順序

正式宴會，晚輩須比長輩先抵達會場，抵達時須等待主人招呼並禮讓長輩先入席；若主人為長輩而賓客為晚輩，則由賓客先入席。當主人熱情邀請入席時，只要向主人點個頭致意，即可先行入席。

三、賓客彼此寒暄

日式宴席上，賓客可在上菜前空檔與鄰座賓客輕聲問好、寒暄，但不可離開座位交換名片。

四、餐宴結束禮儀

由日本人作東時，主人會在餐宴結束時，感謝賓客蒞臨。若賓客為晚輩，須向主人道謝招待，同時稱讚菜肴美味；晚輩須等長輩均離席後才可離席。隔日，賓客會致電給主人，感謝昨日之招待。

五、包廂及座位禮儀

傳統日本餐廳包廂，人們以跪坐方式用餐。不過在臺灣，很多日本料理餐廳座位已改良成桌下有方形凹槽，賓客坐正即可。座位須由主人安排，分為上座及下座，輩分最低的賓客坐在靠近門口的位置，以便傳菜或協助關門。

六、桌上毛巾和茶

上菜前，服務生會送來毛巾和茶，毛巾供賓客擦手。擦完手後，喝茶時不可邀請人共飲或敬茶。

七、召喚服務人員

用餐過程中，如需服務生協助，可用右手擊左手掌心 2 下；勿拉高分貝呼喊，或直接衝出包廂外找服務生。

八、用筷禮儀

一般來說，日本料理餐廳所提供的筷子是兩根連結的木製筷子，正確使用筷子的方法如下：

1 用右手將筷子從筷架上拿起來。如果有筷套，請將套子取下。

2 用左手承起筷子，以右手撐開兩根筷子。

3 用左手托住筷子，再用右手的大拇指和食指拿好筷子。

4 將下面的筷子固定在中指尖、大拇指和食指之間，再用大拇指壓住兩根筷子。

• 日本料理用餐禮儀

事項	正確做法
❶ 到餐廳入玄關前	▶ 脫鞋，鞋尖朝外將鞋子盡量往包廂靠近擺放整齊。 ▶ 早到的人應將鞋子放在較遠的位置。
❷ 入席順序	▶ 晚輩須比長輩先到會場，待主人招呼並禮讓長輩先入席。 ▶ 主人為長輩而賓客為晚輩，則由賓客先入席。
❸ 賓客彼此寒暄	▶ 可利用上菜前時間寒暄，但不可離開座位交換名片。
❹ 餐宴結束禮儀	▶ 若賓客為晚輩，須向主人道謝招待。 ▶ 晚輩須等長輩均離席後才可離席。 ▶ 隔日，賓客須致電給主人，表達感謝昨日招待之意。

• 日本料理 - 用筷禮儀

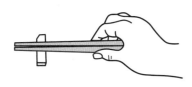

從筷架上拿起筷子

左手承起筷子，以右手撐開兩根筷子。

左手托住筷子，再用右手的大拇指和食指拿好筷子。

將下面的筷子固定在中指尖、大拇指和食指之間，再用大拇指壓住兩根筷子。

餐飲宴會禮儀

UNIT 6-13 日式料理——用碗禮儀

一、用碗禮儀

(一) 多數的日式料理，都是用有碗蓋的碗來盛，當服務生送上餐點時，無論是否當下立即食用，需要將碗蓋均掀開，不可等到要吃時才打開。

(二) 掀開碗蓋的方法爲：以左手輕扶碗緣，右手將碗蓋掀開。

(三) 掀開後的碗蓋，用兩手將碗蓋內凹面向上，放在碗的右側。

(四) 用餐完畢，需要將碗蓋依照原樣蓋上。

二、將盤、碗中食物吃完

參加餐宴時，將盤、碗中食物吃完是對主人的一種尊敬，也是對廚師手藝的讚揚。

三、日本料理食材及吃法介紹 (1)

(一) 生魚片

餐廳提供的生魚片，片數必爲奇數，擺盤依照口味輕至重自左而右擺放，最右邊爲蝦貝類。正確吃法爲：用筷子夾少許芥末沾在生魚片上，再將生魚片沾少許醬油後食用；多數國人是將芥末加入醬油中攪勻，再夾生魚片沾少許芥末醬油食用，這樣的吃法其實是錯誤的。另外，生魚片盤中附帶的白蘿蔔絲功能爲去除前一種海鮮留在口中的味道，所以千萬不要將白蘿蔔絲與生魚片一同沾著芥末醬食用，以免達不到原有的功能。

(二) 壽司

可分爲手捲、散壽司及握壽司。吃壽司可以用筷子或乾淨的手取用。

❶ 手捲：建議立即品嚐，以免海苔受潮失去爽脆口感。

❷ 散壽司：類似丼（ㄉㄨㄥˋ）飯，但食用時不可攪拌，需一口飯、一口魚或肉搭配著吃。

❸ 握壽司：可用拇指及中指拿著握壽司，以生魚片面沾醬油，不用米飯沾醬油，以免米飯因爲吸收過多醬油而過於鬆軟散開。另外，吃握壽司時，需一口將壽司吃掉，不分多口食用，以免破壞握壽司的外形。

(三) 拉麵

吃拉麵時應先以碗就口喝湯，品嚐湯頭的美味及主人用心熬煮的辛勞；接著則大口吃麵，吃麵時發出嘶嘶的吸麵聲，表示享受食物的美味；不過近年來，日本年輕人至西方社會留學者漸多，其生活習慣漸受西方社會影響，許多年輕人在吃麵時已不發出聲響了。

• 日本料理 - 用碗禮儀

以左手輕扶碗緣，右手將碗蓋
掀開

用兩手將碗蓋內凹面向上，放在
碗的右側

• 日本料理食材及吃法介紹 - 生魚片

▶ 片數必切成奇數，擺盤依照口味輕至重自左而右擺放。

▶ 用筷子夾少許芥末沾在生魚片上，再將生魚片沾少許醬油後食用。

▶ 白蘿蔔絲為去味之用，不與生魚片一同沾著芥末醬食用。

• 日本料理 - 壽司

立即品嚐，以免海苔受
潮失去爽脆口感。

手捲

散壽司

食用時不可攪拌，
需飯、魚或肉搭配
著吃。

握壽司

以生魚片面沾醬油，
不用米飯沾醬油，需
一口將壽司吃掉。

餐飲宴會禮儀

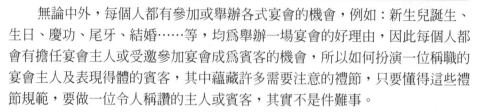

UNIT 6-14 宴會禮儀 (1)

一、前言

　　無論中外，每個人都有參加或舉辦各式宴會的機會，例如：新生兒誕生、生日、慶功、尾牙、結婚……等，均爲舉辦一場宴會的好理由，因此每個人都會有擔任宴會主人或受邀參加宴會成爲賓客的機會，所以如何扮演一位稱職的宴會主人及表現得體的賓客，其中蘊藏許多需要注意的禮節，只要懂得這些禮節規範，要做一位令人稱讚的主人或賓客，其實不是件難事。

二、宴會種類

　　所謂宴會，是以餐飲爲中心的宴會形式，目的是請人赴宴聚會。宴會種類繁多，每一種宴會形式均有其舉辦的目的及適合舉辦的時間，宴會主人可依據自己所需，選擇宴會形式。

（一）午宴（Luncheon, Business Lunch）：舉辦時間爲中午 12 點至下午 2 點。

（二）晚宴（Dinner）：舉辦時間爲下午 6 點以後，此種宴會形式一般會邀請夫妻一起參加。

（三）國宴（State Banquet）：爲國家元首之間的宴會形式。

（四）消夜（Supper）：此種宴會形式在歐美習俗上被重視的程度與晚宴相當，其舉辦的時間，通常是在歌劇或音樂會後舉行。

（五）茶會（Tea Party）：此種形式的宴會舉辦時間通常在餐與餐之間，例如：早餐與午餐之間或午餐與晚餐之間。

（六）酒會（Cocktail Party, Reception）：一般來說，此種形式的宴會不設座位，賓客多以站立的姿勢進食或與其他賓客聊天。可分爲三種形態：

❶ 僅供應簡單開胃小菜。

❷ 除了供應開胃小菜外，另外再供應由服務人員端著、穿梭在賓客之間任人隨意取用的食物。

❸ 利用餐檯來舉辦之酒會。

（七）園遊會（Garden Party）。

（八）自助式餐會（Buffet）：此種宴會形式較爲輕鬆自由，基本上不安排座位，賓客也是依照先後拿取食物，不需要太過拘泥一些禮儀形式。

（九）晚會（Soiree）：舉辦時間爲下午六點以後，其內容包含餐宴本身及過程中之表演節目。

（參考資料：外交部有禮走天下國際禮儀手冊）

• 宴會種類

午宴	晚宴	國宴	消夜
▶ 舉辦時間為中午十二點至下午二點。	▶ 舉辦時間為下午六點以後。 ▶ 夫妻一起參加。	▶ 國家元首之間的宴會形式。	▶ 舉辦的時間通常是在歌劇或音樂會後舉行。

茶會	酒會	自助式餐會	晚會
▶ 舉辦時間通常在餐與餐之間。	▶ 不設座位。 ▶ 分為三種形態： 1.僅供應開胃菜。 2.開胃菜+任人隨意取用的食物。 3.利用餐檯舉辦。	▶ 不安排座位。 ▶ 賓客依照順序先後拿取食物。	▶ 舉辦時間為下午六點以後。 ▶ 內容為餐宴+表演節目。

• 酒會的形態

酒會的形態	▶ 僅供應簡單開胃小菜。
	▶ 開胃小菜＋由服務人員端著，穿梭在賓客之間任人隨意取用的食物。
	▶ 利用餐檯來舉辦之酒會。

• 晚會的形態

晚會的形態	項目	內容
	時間	下午6:00以後
	形式	餐宴 + 表演

UNIT 6-15 宴會禮儀 (2)

三、宴會注意事項

(一) 身為宴會主人

要辦好一場賓主盡歡的宴會，宴會主人扮演著非常重要的角色，因為他必須注意許多小的細節，才可以做到面面俱到，不失禮數。

① 宴會目的及性質：宴會主人需要非常清楚宴會舉辦的目的及性質，後續的各項準備工作，必須依據此目的及性質，進行安排及布置。

② 決定宴會舉辦地點：一般來說最佳的宴客地點是自宅，但是有時必須考量到其他重要的影響因素，包含：場地大小是否可以容納所有的賓客、烹飪手藝、餐飲設備、地理位置等，而將宴會地點轉至大飯店或餐廳。

③ 宴會邀請對象：宴會邀約對象，必須依照該次宴會的目的慎重決定。如果邀錯對象，則達不到該次宴會的社交功能。

④ 請束的準備：決定宴會時間、地點及邀請對象之後，宴會主人可於兩週前寄發宴會請帖邀請賓客參加宴會。須特別提醒的是，西式請帖會再註明參加宴會時的服裝規範及附上回函。宴會前三天，最好以電話再次提醒賓客宴會時間及地點，以便掌握出席人數及後續座位等相關事務安排。

⑤ 菜色安排：舉辦宴會，在菜單安排上也是一大學問，主人必須視宴會主題及邀約對象來決定菜色。許多人因宗教信仰而無法吃特定的食物，例如：回教徒不吃豬肉與飲酒、印度人不吃牛肉等，因此在菜單安排上都要特別注意。近年來素食者漸多，因此在宴席安排上，也要特別安排素菜；另外，外國人不吃動物內臟，還有保育類的動物（例如：魚翅），也不適合變成菜肴等。

⑥ 宴會接待：宴會前一天，宴會主人及服務生必須將宴會場所布置妥當，並在宴會開始前 1-2 小時抵達會場，再次巡視各項細節是否已妥善安排，例如：座位指示牌、桌花、海報……等，並在賓客開始入場時，親自在宴會廳門口迎接賓客、與賓客握手寒暄，表達歡迎蒞臨之意，接著由服務生協助賓客入座。

• 決定宴會舉辦地點

最佳的宴客地點是自宅,但是有時必須考慮到其他重要的影響因素。	▶ 場地大小是否可以容納所有賓客。
	▶ 烹飪手藝。
	▶ 餐飲設備。
	▶ 地理位置。

• 宴會注意事項 - 身為主人 (1)

	宴會目的及性質	▶ 清楚目的及性質,為後續準備工作的依據。
身為宴會的主人	決定宴會舉辦地	▶ 最佳的宴客地點是自宅。
	宴會邀請對象	▶ 依照該次宴會的目的慎重決定。
	請柬的準備	▶ 兩週前寄發宴會請帖,邀請賓客參加宴會。
	菜色安排	▶ 視宴會主題及邀約對象來決定菜色。
	宴會接待	▶ 宴會前一天,宴會場所布置妥當。 ▶ 宴會開始前1-2小時抵達會場。 ▶ 親自在宴會聽門口迎接賓客。

UNIT 6-16 宴會禮儀 (3)

⑦ 宴會座次安排：一般來說宴會形式為午宴或是晚宴，宴會主人可依照關係親疏遠近或其他目的事前先安排座次，例如：長輩在第一桌、公司同事在第五桌……等，賓客必須依照座次入座；若宴會主人事前沒有安排座位，賓客入座時必須謙讓長輩，不可莽撞無禮。

⑧ 宴會準時開始：西方社會講究準時，因此宴會主人務必在請束註明的宴會時間準時開始。以往中國人的餐宴並無準時開始的觀念，常常延遲半個小時，甚至一個小時，不過近年來由於教育普及，多數國人已有守時的觀念，因此大多數的中式宴會都會遵守表定時間，準時開始，不再讓賓客等待。

⑨ 敬酒禮儀：西式宴會的敬酒（cheers），通常被安排在菜肴上桌前，由主人提供祝酒詞（toaster）後，邀約大家一起舉杯祝福。與中式餐飲文化不同，在西式宴會過程中，沒有邀請別人一同飲酒的文化。而中式的宴會，主人須逐桌向賓客舉杯敬酒，以表竭誠歡迎之意，賓客之間也會相互敬酒，場面熱絡。但是千萬不要飲酒過多，導致酒醉失態或向別人逼酒，都是不禮貌的行為。

⑩ 宴會結束：宴會結束時，主人須親自站在門口與賓客一一握手道別，並表達感謝賓客蒞臨之意。為了可以對每位賓客表達感謝蒞臨之意，宴會主人在送客過程中，不可與任何一位賓客久談，對於年長或是身分較為特殊的賓客，主人則需親送至餐廳或飯店大門口以表慎重。主人須在所有賓客均離開後，才可離開。

(二) 身為受邀賓客

① 答覆邀請：賓客收到宴會邀請卡，應立即確認能否出席及是否攜伴參加，並儘快寄出回函，以助宴會主人進行後續安排。一旦寄出回函，在宴會當天勿無故缺席或臨時增減參加人數。

• 宴會注意事項 - 身為主人 (2)

身為宴會主人	宴會座次安排	▶ 依照關係親疏遠近或其他目的事先安排。
	宴會準時開始	▶ 在請柬註明的宴會時間準時開始。
	敬酒禮儀	▶ 西式宴會，沒有邀情別人一同飲酒。 ▶ 中式宴會，主人須逐桌向賓客敬酒。
	宴會結束	▶ 主人須親自站在門口與賓客握手道別。 ▶ 對於年長或是身分特殊者，主人則須親送至餐廳或飯店的大門口以表慎重。 ▶ 主人須在所有賓客均離開後才可離開。

知識補充站

西方宴會席次安排小訣竅—3步驟+2重點

3 步驟

先排出男主人座位 ➤ 再排出女主人座位 ➤ 排出主賓座位

2 重點

重點
▶ 座位兩旁均為異性。
▶ 離主人座位愈近社會地位愈高。

餐飲宴會禮儀

UNIT 6-17 ＼宴會禮儀 (4)

② 宴會服裝儀容：出席宴會前，確認請帖上是否有註明服裝規範。若有註明，賓客需依照請帖上註明的服裝規範著裝赴宴；若無註明，一般來說，男士著深色西裝，女士則著顏色合宜的洋裝或套裝，髮型（挽髮及配飾）適中即可，不可過於誇大浮華。

③ 準備宴會禮物：若宴會主人是在家中宴客，建議賓客攜帶禮物前往，禮物不需太貴重，蛋糕、酒、一束花，均是很適合的禮物。若宴會是在餐廳或飯店舉辦，則不需要攜帶禮物，送禮反而增添主人的麻煩，因為宴會結束後，主人還要想辦法將禮物帶回家。

④ 準時赴宴：準時赴宴為賓客應盡的基本禮儀，為避免一些無法預料的臨時狀況（例如：塞車）影響而導致遲到，應提早出門，儘早抵達會場。不過，也不要太早進入會場，若早到可先至宴會場地附近找地方暫時休息，離宴會開始前十分鐘至會場即可。若有臨時狀況而導致遲到，也應立即與宴會主人聯繫並致歉。

⑤ 宴會座次：除主賓會由主人特別安排服務人員招呼外，其他一般賓客於入場前，須先至餐廳或飯店門口的座次表上確認座位，然後依次入座，不可自行調換位子。賓客可利用席間與其他賓客寒暄交談，拓展人脈。

⑥ 謝卡：宴會結束後，賓客應立即撰寫謝卡郵寄或致電給主人，謝謝其熱忱的招待。

小博士解說

參加宴會其他注意事項：

1. 若宴會主人有安排卡拉 OK 作為餘興節目，千萬不要強迫不喜歡的人唱歌，以免破壞宴會氣氛。
2. 注意朋友之間的互動，不要只顧自己歡樂。
3. 有人因喝酒出糗，不可做為日後取笑或與他人聊天之話題。
4. 不可因主人不拘小節，而忘卻應有的禮儀。

● 宴會注意事項－身為受邀賓客

身為受邀賓客	答覆邀請	▶ 立即確認能否出席及是否攜伴參加，並儘快寄出回函。 ▶ 宴會當天勿無故缺席或臨時增減人數。
	宴會服裝儀容	出席宴會前，確認請帖上是否註明服裝規範，依照請帖上註明的服裝規範著裝赴宴。
	準備宴會禮物	▶ 主人在家中宴客，建議備禮。 ▶ 在餐廳或飯店舉辦則不需要攜帶禮物。
	準時赴宴	應儘早抵達會場，但距離宴會開始前十分鐘進入會場即可。
	宴會座次	▶ 主賓由主人特別安排服務人員招呼。 ▶ 一般賓客須依座次表依次入座。
	謝卡	▶ 宴會結束，賓客撰寫或致電向主人道謝。

● 受邀賓客應準時赴約

第 **7** 章 ╱ 其他一般禮儀

在公共場所最能看出一個人的修養與內涵。在社會交往中，良好的公共禮儀可以使人際之間的交往更加和諧，提升心靈與生活的品質。更重要的是，養成良好的禮儀習慣，才能展現出大方得體的氣度，受到他人的尊重。

本章重點

UNIT 7-1 公共場所禮儀

其他一般禮儀

一、飛機內禮儀

(1) 飛機起飛前，務必收起腳踏板及桌面，椅背扶正，並繫好安全帶；(2) 機艙內禁止使用手機及通訊器材，這些器材會干擾機上設備及航空通訊；(3) 用餐時，必須將椅背豎直，以便後座乘客使用。

二、飯店內居住禮儀

(1) 不可將洗滌好的衣服晒在陽臺等處；(2) 淋浴時，浴室內簾幕的下擺要放在浴缸內，避免淋浴時水噴灑出去；(3) 不應吝給小費；(4) 不可在走廊、餐廳或旅館大廳等公共場合追逐奔跑或大聲喧嘩交談；(5) 旅館內切忌穿著睡衣或拖鞋在公共走廊走動或串門子；(6) 不可順手牽羊；(7) 房間內之電視及音響之音量，應特別注意。

三、化妝室使用禮儀

(1) 公共場所公廁要在入口處排隊，每出來一位，才能再進去一個人，這是跟國內上洗手間的排隊方式不同；(2) 請勿踩在馬桶座上如廁，會汙染廁所環境。

四、酒會、茶會及園遊會禮儀

(1) 以上三者均不安排座位或座次，賓客或坐或立，自由交談取食；(2) 主人依例站於會場入口處迎賓，一一握手歡迎，酒會另安排主人致歡迎詞，茶會及園遊會慣例則無。若賓客擬早退者，不必驚動主人，可自行離去即可。

五、音樂會禮儀

(1) 務必提早於開演前十分鐘入場。若遲到，應該等節目告一段落後再行進場；(2) 不宜攜帶嬰幼兒入場，不可吸菸、吃零食或交頭接耳；(3) 入場時，男士應負責驗票覓座，並招呼女伴入座；(4) 不可隨意鼓掌，通常於表演完畢，才鼓掌讚賞。

六、舞會禮儀

(1) 參加舞會時，若有事須早退，也可自行離去，不必驚動主人及其他客人；(2) 舞會照例由男女主人、年長或位高者開舞。一般而言，第一支舞及最後一支舞必須與自己的舞伴共舞。向他人之舞伴請求共舞時，應先徵得同意；若欲與已婚女賓共舞時，宜先經其夫婿之許可，以示禮貌及尊重。

七、博物館禮儀

(1) 禁止在博物館內喧嘩；(2) 禁止在博物館內拍照或攝影；(3) 禁止帶食物及寵物進博物館；(4) 禁止觸摸博物館內的展示品；(5) 禁止在博物館內講電話。

• 公共場所禮儀

公共場所禮儀

▶ 舞會禮儀

▶ 博物館禮儀

▶ 飛機內禮儀

▶ 飯店內居住禮儀

▶ 化妝室使用禮儀

▶ 酒（茶）會及園遊會禮儀

▶ 音樂會禮儀

其他一般禮儀

• 博物館禮儀

禁止在博物館內拍照或攝影。

NO CAMERAS

• 飯店內居住禮儀

旅館內不可穿著睡衣或拖鞋在走廊走動。

• 飛機內禮儀

用餐時，必須將椅背豎直，以便後座乘客使用。

UNIT 7-2 行走、座車禮儀

一、與人同行禮儀

(1)「前尊、後卑、右大、左小」等八個字，是行走時的最高原則，與長官或女士同行時，應居其後方或左方，才合乎禮儀。三人並行時，則是左最小，中為尊，右次之。三人前後同行時，則以前位為尊，中間居次；(2) 與女士同行時，以「男左女右」的原則，或靠馬路的一方，以保護女士之安全。此外，男士亦有代女士攜重物、推門、撐傘、闢道及覓路的風度；(3) 行進間改變方向，應注意後方有無來者，避免碰撞，倘若無意中碰觸他人，應即致歉。

二、出入門時的禮儀

(1) 進門時：後面還有人時，我們可以幫他扶住門；如果門是拉的，我們可以拉著門，禮讓他人先進去；如果門是推的，推門進去後，再幫後面的人扶住門，再隨後進入；(2) 關門時：進入房間，先敲門，開門後，手不離把手，直到關上門後才放手。

三、上下樓梯禮儀

(1) 上樓時，女士在前，男士在後；長者在前，幼者在後，以示尊敬；(2) 下樓時，男士在前，女士在後；幼者在前，長者在後，以維護其安全。

四、搭乘電梯禮儀

(1) 引導客人進電梯，應控制電梯門，讓訪客安全進入；(2) 電梯內客滿時，應優先讓訪客進入。

五、如何引導訪客

引導訪客時，帶路者宜走在客人的左前方，方便帶路。

六、搭乘轎車禮節

(1) 司機開車：以右後方為首位，左側次之，中間為第三，駕駛座右側為末，需先下車幫主賓開車門；(2) 主人開車：駕駛座旁為首位，右後方為次位，左後方為第三，中間為末位；(3) 主人夫婦及客人夫婦共乘時，女主人坐在男主人駕駛座旁邊，男主賓坐在右後方，女主賓坐在左後方；(4) 主人駕車搭載主賓夫婦：應邀請男主賓坐前座，主賓夫人則坐右後座；(5) 主人開車搭載一位來賓：來賓應坐在駕駛座旁邊，切勿坐入後座，把主人當成司機；(6) 中途右前座主賓下車，坐在右後座之客人應下車改坐前座，才不會讓主人變成駕駛員。

七、搭乘吉普車禮節

駕駛座旁的位子為首位。後座右邊次之，左邊最小。

八、乘坐九人座車的禮儀

司機之後排最右側為首位，其旁側為末位，其餘乘客按序列坐定，其方式與小轎車座次略有不同。

• 乘車禮儀

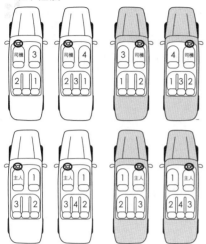

吉普車乘車座次

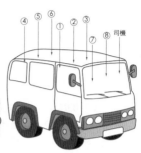

九人座車乘車座次

轎車乘車座次

• 男女同行禮儀

男士走在女士左邊或靠馬路的一邊

• 上下樓梯禮儀

下樓梯女士在後

上樓梯女士在前

UNIT 7-3 求職面試禮儀

　　所謂「養兵千日，用在一時」，就是為了在面試的當下，能有最完美的呈現。以下建議有關求職時的必備認知，簡稱「面試十招」，請務必檢視，做好妥善準備：

一、蒐集公司資訊

　　面談前，應先對該公司的基本背景充分了解。公司資料的蒐集，可從圖書館、網路上、公司公開說明書得知，或者請教任職於該公司的親友。

二、檢查面試文件是否齊全

　　面試前一天先檢查面試通知單、面試履歷表、自傳、正式照片、作品、證照或證明文件等是否齊全。

三、選擇一套適合面試的服裝

　　在面試前挑選適合面試的服裝，千萬不可當天才匆促找衣服。

四、演練面試

　　請幾位有經驗的親友當您的面試主管，觀察您的服裝及儀態是否得宜，並請他們給你一些建議。

五、準時赴約

　　準時是最重要的事項之一，建議應該比約定時間提早 10~15 分鐘到達面試地點。若臨時有事不能前往，應當儘早通知對方，並約定下次面試時間。

六、記得敲門、關門

　　應先在門口輕敲兩下，待對方回應後，再進入辦公室，記得輕聲關門。

七、問候

　　進入面試辦公室時，應主動問候並簡單自我介紹，宜等面試主管示意坐下時，再就坐。

八、專注的眼神及注意聆聽

　　眼神溫和、「平視」對方為宜，並且仔細聆聽，不時點頭、微笑。

九、應答技巧

　　回答問題時，應以正面、肯定的語氣應對，並以溫和的聲調與冷靜的頭腦來應試。

十、從容結束面試

　　面試結束後，應向主考官致謝。握手與否，要由主試者而定，不宜主動握手。離開時，隨手將門關上。

- 面試十招

面試十招

▶ 蒐集公司資訊

▶ 檢查面試文件是否齊全

▶ 選擇一套適合面試的服裝

▶ 演練面試

▶ 準時赴約

▶ 記得敲門、關門

▶ 問候

▶ 專注的眼神及注意聆聽

▶ 應答技巧

▶ 從容結束面試

知識補充站

　　不要讓身體語言破壞自己形象，例如：

- 用手一直不斷抓頭：讓人看起來像是手足無措的人。
- 不停地推眼鏡架：讓人不安。
- 雙手交疊在胸前：給人防衛心太強或不好溝通的印象。
- 用手撥弄領帶、衣角或頭髮及轉筆等：顯得不夠輕率而欠缺自信。

其他一般禮儀

- 面試服裝

在面試前就可挑選適合面試的服裝。

- 面試文件

檢查面試文件是否齊全。

證書 履歷表

UNIT 7-4 拜訪的禮儀

一、拜訪的基本原則

① 應預約拜訪時間。　　　　② 備妥資料及名片。

③ 注意儀容形象的修飾。　　④ 遵守時間觀念，進退守時。

⑤ 不宜於剛上班時、午休或下班前進行拜訪。

二、拜訪注意要點

① 約定拜訪時間：應先與對方聯繫約好時間，不宜貿然登門造訪。若臨時發生事故遲到，應先聯絡主人，並說明預定到達的時間。停留時間以不超過1小時為宜。

② 拜訪時最好挑選份禮物帶給對方：依與拜訪親友的親疏關係，選擇適當的禮品作為伴手禮。拜訪國際友人，要先了解對方的習俗，避免誤觸禁忌。

③ 年幼者及位卑者應先拜訪年長者、位尊者。

④ 除非因公務需要，否則女性不宜單獨拜訪男性。

⑤ 拜訪時，如需借用主人家的電話或其他用具時，須先徵求主人同意。

⑥ 若主人因接電話，必須中斷與訪客的交談，訪客應稍稍迴避，尤其不宜對主人講電話的內容加以詢問。

⑦ 家中有訪客時，其他家人也應該出來打招呼，主人應向訪客介紹其家人。

⑧ 訪客應考量主人的方便，最好在約定時間時，就先說明大約幾點要離開。

⑨ 結束拜訪時，主人送客，見主人相送至門口時，應請主人留步。若拜訪期間男（女）主人或主人的長輩曾來招呼，離開前也應向他們道別。主賓欲離去時，男女主人應一起親自送到門口，以示尊重。

三、回拜（訪）

　　平輩親友間接受對方拜訪後，禮貌上，隔些時日應該回訪對方；但若是長輩接受晚輩的拜訪，則可以不用回訪。

小博士解說

　　在國內有時主人為表示熱絡，會臨時邀請客人留下用餐，這很可能是試探是否該安排用膳。建議若雙方並無事先約定，盡量不要留下用餐，避免造成困擾。

• 拜訪的基本原則

拜訪的基本原則

▶ 應預約拜訪時間。

▶ 備妥資料及名片。

▶ 注意儀容形象的修飾。

▶ 遵守時間觀念，進退守時。

▶ 不宜於剛上班時、午休或下班前進行拜訪。

其他一般禮儀

知識補充站

1. 搬新家時 宜先主動拜訪鄰居；認識新朋友時，也可以約個時間去拜訪對方。以上皆應避開用餐時間，晚間拜訪時，應先詢問對方是否方便，時間不宜太晚。

2. 商務拜訪時，要將塞車的時間計算在內，若是趕在最後時間才匆匆抵達，滿頭大汗或神色慌張，都會讓對方留下不好的第一印象。

3. 國人居家時間大部分都有脫鞋習慣，應先詢問觀察。所以，進入室內應該脫去鞋子，換穿室內拖鞋，並把自己鞋子放在鞋櫃內或鞋尖朝外，並往門口兩側排列整齊。

4. 到醫院探病，不要逗留超過 15 分鐘，以免打擾病人休養。

UNIT 7-5 應對禮儀

一、介紹禮儀

(1) 以客為尊，先將自己人介紹給客人認識；(2) 將長輩及同輩分男士先介紹給女士認識；(3) 將晚輩女性先介紹給長輩男士；(4) 將晚輩先介紹給長輩。

二、握手禮儀

(1) 女士先伸出手，男士才可伸手；(2) 長輩先伸出手，晚輩才可伸手；(3) 男士與男士握手，虎口交叉互握；(4) 容易冒手汗的人，應先擦拭再伸出手；(5) 握著訪客的手，不宜左顧右盼與他人交談；(6) 以右手與訪客握手，左手自然下垂在左大腿側。

三、奉茶禮儀

(1) 兩杯以上要使用托盤端茶；(2) 手指勿碰觸杯口；(3) 雙手握持在杯子下半段二分之一處，右手上、左手下；(4) 將茶杯擱置在客人方便拿取之處；(5) 咖啡杯應先將湯匙、糖包、奶球放置好，再端給客人。

四、名片遞送禮儀

遞名片是社交場合一種重要的自我介紹方式。遞名片時應用雙手、名片之正面朝向對方，並注視對方，微笑致意。

接名片時也要用雙手，以示尊重。接過名片應認真看（唸）一遍，不可馬上裝入口袋，更不要在手中把玩。當與多人交換名片時，應依照職位高低順序，或是由近及遠，依次進行，切勿跳躍式地進行，以免對方誤認為有厚此薄彼之感。

小博士解說

握手禁忌：

1. 忌用左手。
2. 忌戴手套握手。
3. 握手後忌立刻擦手。
4. 男士勿主動示意女士握手。
5. 忌東張西望、交叉握手。
6. 避免時間過長，握手約 10～20 秒為宜。

其他一般禮儀

• 應對禮儀

應對禮儀

❶ 介紹禮儀

❷ 握手禮儀

❸ 奉茶禮儀

❹ 名片遞送禮儀

• 他人名片宜妥善收藏

知識補充站

送禮藝術：

　1. 禮品輕重得宜。

　2. 選擇適當時機。例如：生日、過節。

　3. 勿觸犯禁忌。

　4. 注意包裝。

第**8**章 / 各國文化禮俗

　　臺灣自從平均國民所得提高之後，國人無論是因旅遊、洽公或是其他因素而出國的頻率及人數大幅增加，為使國人在國外期間能儘快入境隨俗，以下將列出一些國人較常前往國家的基本禮儀以供參考。

本章重點

UNIT 8-1 美國禮儀介紹及禁忌說明

一、生活禮儀

1. 美國人初次見面以點頭微笑打招呼，較少行握手禮，若女性、長輩、上級或宴會主人無握手之意，不可主動伸手握手，握手時不雙手同時握。
2. 談話時，喜歡保持約 120~150 釐米的距離。
3. 較少用正式的頭銜稱呼人，較常直接稱呼名字，感覺較爲親切；正式頭銜一般只用於醫生、法官、教授、軍官、宗教界領袖等人物。
4. 進行拜訪需事前預約，即使是親友送禮，也不要貿然前往敲門，可將禮物放在門口，再用電話通知對方取件。
5. 至美國人家中作客，最好送上小禮物。
6. 重視準時及守信用，若無法準時赴約，須先致電說明，並告知抵達時間。
7. 參加宴會時，女性進入宴會廳時男性須起立，直到女性找到位子入座才可坐下。
8. 體臭被認爲是不合社交禮儀的，所以無論男女都愛用香水。
9. 如要在美國人面前抽菸，需事先禮貌徵詢對方同意。

二、餐飲禮儀

1. 用餐時忌諱打嗝，若不小心打嗝需要致歉說「Excuse me」。
2. 用餐時有菜渣留在牙縫中，一般是用牙線清潔牙齒，不用牙籤剔牙。
3. 忌吃肥肉和各種動物的內臟，也不喜歡吃蒸和紅燒的菜肴。
4. 宴會中，飲酒適量以保持溫文儒雅的樣子。

三、服裝禮儀

平時穿衣重視舒適，因此自己愛穿什麼就穿什麼，但是正式場合時，須穿著西裝並注意整潔，特別是鞋要擦亮，手指甲要清潔。

四、美國禮俗禁忌

1. 不談論年齡、體重、收入、信仰、黨派等個人隱私話題。
2. 對人伸舌頭是汙辱人的動作。
3. 握手時，目視他處被認爲有輕蔑他人的意思。
4. 勿送有公司商標的禮物，有讓別人義務做廣告之嫌。
5. 在別人面前脫鞋或赤腳被視爲野蠻的行爲，除非在臥室或是男女朋友面前。
6. 不需過分謙虛，否則會被視爲撒謊，例如：英文流利，但卻說自己英文不好，就會被認爲撒謊。
7. 忌諱「3」、「13」及「星期五」，也忌諱「老」字，因爲認爲「老」等於落伍。
8. 蝙蝠圖案有凶神的象徵，因此忌用。
9. 不可送婦女香水、化妝品或衣物，不過送頭巾是可以的。
10. 不與同性一起跳舞，容易被誤認爲同性戀。

• 美國生活禮儀

項目	禮俗
招呼與談話	▶ 初次見面點頭微笑，較少行握手禮。 ▶ 不可向女性、長輩、上級或宴會主人主動伸手要求握手。 ▶ 握手時不雙手同時握。 ▶ 喜歡保持約120~150釐米的距離。 ▶ 較常直接稱呼名字，正式頭銜一般只用於醫生、法官、教授、軍官、宗教界領袖等人物。
拜訪	▶ 需事前預約。 ▶ 重視準時及守信，若無法準時赴約，須先致電說明。 ▶ 至美國人家中作客，最好送上小禮物。
參加宴會	▶ 男性須待女性賓客找到位子入座才可坐下。
其他	▶ 男女都愛用香水，以防體臭。 ▶ 需事先禮貌徵詢對方的同意，才可抽菸。

• 美國餐飲禮儀

項目	禮俗
用餐時	▶ 忌諱打嗝。 ▶ 用牙線清潔牙齒（菜渣），不用牙籤剔牙。
食物	▶ 忌吃肥肉和各種動物的內臟。 ▶ 不喜蒸和紅燒菜肴。
飲酒	▶ 適量，以保持儒雅的儀態。

• 美國禮俗禁忌

項目	禮俗禁忌
行為面	▶ 不談個人隱私話題。 ▶ 不對人伸舌頭（避免汙辱之意）。 ▶ 握手時，不目視他處（避免輕蔑之意）。 ▶ 在他人面前，不脫鞋或赤腳。 ▶ 不過分謙虛（撒謊之意）。 ▶ 不送婦女香水、化妝品或衣物。 ▶ 不與同性一起跳舞（避免被誤認為同性戀）。
忌用數字	▶ 「3」、「13」、「星期五」及「老」字。
忌用圖騰	▶ 勿送有公司商標的禮物。 ▶ 忌諱蝙蝠圖案。

各國文化禮俗

UNIT 8-2 英國禮儀介紹及禁忌說明

一、生活禮儀

❶ 英國人重視個人隱私、頭銜及社會地位。除了親友和熟人外，遇見他人均在對方姓名前冠以職稱、頭銜或先生、夫人、小姐等稱呼。與英國人第一初次見面，一般行握手禮。

❷ 與不熟的英國人交談時，避免談論宗教、種族、薪資或政治等敏感話題。

❸ 英國人重視時間觀念，應邀參加宴會或商務會議必須準時。但到英國人家作客時不能早到，若主人尚未準備好，會令主人非常尷尬，所以最好準時到或晚到 10 分鐘。

❹ 請英國人吃飯，不能臨時邀請，必須提前通知；臨時起意就去拜訪，是對主人私生活干擾的失禮舉動。

❺ 重視「女士優先」的禮節：男士會為女性開門及拉開椅子讓女士先入門或入座；紳士遇見女性時若有戴帽，會將帽子摘下點頭示意後再戴上帽子。

❻ 夫通常會偕同妻出席社交活動，總是習慣先將妻子介紹給貴賓認識。

❼ 重視社會秩序，有兩人以上在場，即要排隊。車輛靠左行駛。

❽ 宗教信仰自由，回教、印度教、錫克教和佛教，均被接受。

二、餐飲禮儀

❶ 英國人重視餐桌禮儀，相關禮儀包括：
(1) 在主人開動前不宜逕自開始用餐。
(2) 餐巾應對摺後整齊置於大腿上，不可塞入領口。
(3) 用餐時應細嚼慢嚥並避免發出不雅聲響。
(4) 喝茶前必須先將茶匙移開。

❷ 喜愛適量飲酒，酒吧與酒館為英國社交文化的重要環節。

❸ 下午 3-4 點有飲用下午茶的習慣，稱為「茶休」。精緻茶具、可口點心，別具特色。

❹ 至餐廳用餐給小費是很正常的，一般服務費不會列在帳單中，通常要按帳單的 10% 左右支付。

三、服裝禮儀

出席正式場合應注意穿著禮儀。一般而言，出席白天之正式場合時，男士應著西裝，女士應著洋裝或套裝；晚間則以禮服或西裝為宜。

四、禮俗禁忌

❶ 忌用大象、孔雀作服飾圖案和商品包裝。送禮時忌送百合花，他們認為百合花意味著死亡。

❷ 坐著談話忌兩腿張太開、蹺二郎腿。站著談話時，不能把手插入衣服口袋。

❸ 不可當著英國人的面耳語和拍打肩背。

❹ 購買車票、電影票等公共場合活動均需排隊，插隊被認為是不禮貌的行為。

❺ 購物時忌諱殺價，殺價被認為是一件丟臉的事。

• 英國生活禮儀

項目	禮俗
招呼與談話	▶ 親友和熟人外，用職稱、頭銜或先生、夫人、小姐等稱呼。 ▶ 第一次認識，一般都行握手禮。 ▶ 避免談論宗教、種族、薪資或政治等敏感話題。 ▶ 夫偕同妻出席社交活動，並將妻子先介紹給貴賓認識。
拜訪	▶ 不臨時邀約（飯局或會議）及拜訪。 ▶ 重視時間觀念，參加宴會或商務會議必須準時。
其他	▶ 凡事皆排隊 ▶ 車輛靠左行駛。 ▶ 宗教信仰自由。

• 英國餐飲禮儀

項目	禮俗
餐桌禮儀	▶ 主人開動才開動。 ▶ 餐巾對摺後置於大腿上。 ▶ 用餐時細嚼慢嚥並避免發出不雅聲響。 ▶ 喝茶前先移開茶匙。
下午茶	▶ 下午3-4點有飲用下午茶的習慣。
飲酒	▶ 喜愛適量飲酒。
小費	▶ 慣給小費，約按帳單的10%左右支付。

• 英國禮俗禁忌

項目	禮俗禁忌
行為面	▶ 坐著忌兩腿張得過寬及蹺起二郎腿。 ▶ 站著談話，不把手插入衣服的口袋裡。 ▶ 不當面耳語和拍打肩背。 ▶ 插隊被認為是不禮貌的行為。
忌用數字	▶ 「13」及「3」為不祥數字。
忌用圖騰	▶ 避免大象、孔雀服飾圖案和商品包裝。 ▶ 認為黑貓是不吉祥的動物。
忌送花種	▶ 百合花認為是死亡象徵。
禁忌動作	▶ 購物時忌諱殺價。

UNIT 8-3 法國禮儀介紹及禁忌說明

各國文化禮俗

一、生活禮儀

① 法國人生性熱情開朗，重視人際關係，但不在公共場合大聲喧嘩。

② 與法國人約會，需事先約定，同時準時赴約但不早到。

③ 喜愛花，凡探訪親友，應邀赴宴均會送上一束美麗的花朵。

④ 法國人不會在初次見面就送禮，除非關係良好，不然法國人是不互送禮物的；即使收到禮物也不當送禮者的面打開，他們認爲這是無禮的行爲。

⑤ 在社交場合與人見面時，常行握手禮；在男女之間或女士之間見面時，常以親面頰或貼面來代替相互間的握手，無論擁抱、親吻都須遵照禮儀規範。

⑥ 推崇「女士優先」：敬酒時的順序爲無論身分地位高低，一律先敬女性再敬男性；進屋、入座、走路也都要先禮讓女性。

二、餐飲禮儀

① 受法國人之邀至家中作客，應先請花店送花至主人家中。

② 用餐時，一道道依序食用，每吃完一道，服務人員會收走一道餐盤及餐具，再送上下一道菜肴及餐具。

③ 賓客若將誇獎好吃的菜肴吃完，主人一定會再送上一盤。

④ 除非餐桌上有菸灰缸，否則別在餐桌前抽菸。

⑤ 喜愛飲酒，例如：葡萄酒、白蘭地、蘋果酒、威士卡、杜松酒等；也喜愛喝咖啡。

三、服裝禮儀

　　法國人對於穿著十分講究，法國女性爲世界公認最會打扮的女性，不僅重視及講究化妝品的使用，無論老少衣著風格也都非常時髦。

四、禮俗禁忌

① 禁忌「13」這個數字及星期五，不 13 個人一同吃飯、不坐 13 號座位等；一般來說，法國人送花都送單數，但是也不送 13 朵。

② 法國人愛花，玫瑰表示愛情，但是不送菊花，因爲菊花代表哀傷；也忌黃色的花，認爲是夫妻間不忠誠的表現；而康乃馨、杜鵑花及紙花也被視爲是不吉祥的花朵。

③ 不喜好核桃、厭惡墨綠色也不喜愛黑桃圖案，認爲不吉祥；更忌仙鶴（認爲是淫婦和蠢漢的象徵）、烏龜圖案。

④ 在法國，不可隨意送香水和化妝品給女性，因爲讓人有過分親熱和圖謀不軌之嫌。

⑤ 送刀、劍、刀叉、餐具之類也是不好的，因爲意指雙方會切割關係。

⑥ 與法國人聊天忌談個人政治傾向、薪資及個人隱私。

• 法國生活禮儀

項目	禮俗
招呼與談話	▶ 熱情，但不在公共場合大聲喧嘩。 ▶ 男女之間或女士之間見面時，常行親面頰或貼面之禮。 ▶ 敬酒、進屋、入座、走路均先禮讓女性。 ▶ 除非關係良好，不然法國人不互送禮；收到禮物不當面打開。
拜訪	▶ 需事先約定，同時準時赴約但不早到。 ▶ 探訪親友，均送一束美麗的花朵。

• 法國餐飲禮儀

項目	禮俗
餐桌禮儀	▶ 至家中作客，應先請花店送花至主人家中。 ▶ 用餐時，依上餐順序食用。 ▶ 除非有菸灰缸，否則別在餐桌前抽菸。
飲酒及咖啡	▶ 喜愛飲酒及咖啡。

• 法國禮俗禁忌

項目	禮俗禁忌
話題	▶ 忌談個人政治傾向、薪資及個人隱私。
忌用數字	▶ 「13」及星期五。
忌用圖騰	▶ 核桃、墨綠色、黑桃、仙鶴及烏龜。
忌送花種	▶ 菊花，康乃馨、杜鵑花、紙花及黃色的花。
禁忌動作	▶ 避免隨意送香水和化妝品給女性。 ▶ 避免送刀、劍、刀叉、餐具。

各國文化禮俗

UNIT 8-4 德國禮儀介紹及禁忌說明

一、生活禮儀

1️⃣ 德國人雖然多半都會講英文，但是與德國人交談時，應盡量講德語或帶翻譯，講德語會令德國人覺得喜悅。

2️⃣ 使用「先生」及「女士」稱呼他人；一般行握手禮，若對方身分較高，則須待對方伸出手，才可與其握手。

3️⃣ 至德國人家中作客，可攜單數（5 或 7 朵）鮮花送給女主人。

4️⃣ 德國人視白鸛築巢爲吉祥的象徵。

5️⃣ 若送給德國人劍或餐具做爲禮物，對方會給你一個硬幣，以免雙方關係因爲此禮物而被破壞。

二、餐飲禮儀

1️⃣ 德國人口味較重，菜肴較爲油膩，肉食爲主食。

2️⃣ 多數人不愛吃魚，僅北部沿海的少數人會吃魚；吃魚用的餐具要與其他餐具分開。

三、服裝禮儀

1️⃣ 德國人的穿著較爲簡約，平時男性穿著西裝及夾克，女性則穿長衫搭配淡雅的長裙；進行商務相關事宜時，男性穿著背心三件式西裝，女性則穿著裙式套裝。出席正式場合時，深色服裝較爲合適。

2️⃣ 若造訪北部，戴帽子是非常合適的。

3️⃣ 德國男性不宜剃光頭，一般來說少女留披肩長髮或俏麗的短髮，已婚婦女則多半爲捲髮。

四、禮俗禁忌

1️⃣ 至德國人家作客，不可帶葡萄酒赴宴，因爲會讓主人誤認爲你質疑他的選酒品味；而威士忌酒則可以做爲禮物。不可以詢問禮物的價錢。

2️⃣ 與德國人一同用餐，若餐桌上沒有菸灰缸即代表禁菸，不可逕自吸菸。

3️⃣ 送禮時忌用白色、黑色或咖啡色的包裝紙，也不用絲帶包裝禮物；送上一束包好的花也是不禮貌的行爲。

4️⃣ 與其他歐系國家一樣，因宗教而忌諱「13」及「星期五」。

5️⃣ 不提早祝賀親友生日。

6️⃣ 於公共場合談話，四人交叉談話或握手，或竊竊私語，是不禮貌的行爲。

• 德國生活禮儀

項目	禮俗
招呼與談話	▷ 與德國人交談時，應盡量講德語或帶翻譯。 ▷ 使用「先生」及「女士」稱呼他人；一般行握手禮。
拜訪或作客	▷ 至家中作客，可送單數（5或7朵）鮮花給女主人。
其他	▷ 視白鸛築巢為吉祥的象徵。 ▷ 送人劍或餐具，對方會給你一個硬幣避免關係被破壞。

• 德國餐飲禮儀

項目	禮俗
食物	▷ 口味較重，菜肴較為油膩，肉食為主食。 ▷ 僅少數人吃魚；吃魚用的餐具要與其他餐具分開。

• 德國禮俗禁忌

項目	禮俗禁忌
行為面	▷ 勿四人交叉談話、握手，或竊竊私語。 ▷ 不可隨意送香水和化妝品給女性。 ▷ 送刀、劍、刀叉、餐具之類也是不好的。
拜訪或作客	▷ 至家中作客，不可帶葡萄酒赴宴，而威士忌酒則可做為禮物。 ▷ 不可以詢問禮物的價錢。
忌用數字	▷ 忌諱「13」及「星期五」。
忌用顏色	▷ 白色、黑色或咖啡色。
其他	▷ 餐桌上沒有菸灰缸即代表禁菸。 ▷ 不提早祝賀親友生日。

各國文化禮俗

UNIT 8-5　荷蘭禮儀介紹及禁忌說明

一、生活禮儀

① 重視時間觀念，準時對荷蘭人來說是很重要的。

② 拜訪或邀請赴宴需事先約好時間；與人見面時行握手禮，行為較為正式、保守；告別禮儀則習慣親吻對方臉頰 3 次。

③ 荷蘭人邀請賓客至家中拜訪，一般只會在家裡喝幾杯酒後，便至外面餐廳用餐；至荷蘭人家中拜訪，可攜帶單數鮮花（5 朵或 7 朵最佳）送給女主人。

④ 在荷蘭搭計程車可以不給小費，因為司機沒有收小費的習慣。

⑤ 重視時間觀念，準時對荷蘭人來說是很重要的。

二、餐飲禮儀

① 荷蘭人喜歡互相宴請招待，習慣早餐吃得豐盛。上午 10 點左右休息吃茶點，中午大吃一頓，下午 4 點左右又休息吃茶點，晚上 7 點吃晚餐，睡前有吃消夜的習慣。

② 倒咖啡只倒 2/3 杯，不倒滿，倒滿被視為不禮貌的行為。

三、服裝禮儀

進行商務活動時，宜穿保守式西裝。

四、禮俗禁忌

與荷蘭人談話時，忌談論納粹、美國政治、錢、物價或中國人受日本人迫害的話題。

小博士解說

1. 荷蘭屬溫帶海洋性氣候，日溫差和年溫差都不大。沿海的平均溫度在夏天約為 16℃，冬天約為 3℃；內陸夏季和冬季的平均溫度分別約為 17℃和 2℃。

2. 春季降雨通常比秋季為少，但一年四季的降雨量分配相當平均。

3. 荷蘭人擁有自己的荷蘭語，但是大部分的荷蘭人都會說流利的英語。

4. 荷蘭人不排斥觀光客，很願意幫助需要幫助的觀光客。

5. 大眾運輸系統相當完善且方便安全，對於自助旅行者而言，可以省去不少的交通時間。

6. 從 2002 年 1 月 1 日起，開始使用歐元（Euro）的紙鈔與硬幣。

• 荷蘭生活禮儀

項目	禮俗
招呼與談話	▷ 重視時間觀念，拜訪或邀請赴宴需事先約好時間。 ▷ 與人見面時行握手禮；告別則親吻對方臉頰3次。
拜訪或作客	▷ 一般只邀請賓客在家裡喝幾杯酒後，便至外面餐廳用餐。 ▷ 至家中拜訪，可送女主人單數鮮花（5朵或7朵）。
其他	▷ 搭計程車可以不給小費。

• 荷蘭餐飲禮儀

項目	禮俗
餐飲時間	▷ 早餐→ 茶點(10點a.m.)→ 午餐→茶點(4點p.m.)→ 晚餐(7點p.m.)→ 消夜(睡前)。
其他	▷ 倒咖啡只倒2/3杯，不倒滿。

• 荷蘭禮俗禁忌

項目	禮俗禁忌
話題	▷ 忌談論納粹、美國政治、物價或中國人受日本人迫害的話題。

各國文化禮俗

知識補充站

荷蘭地圖

北海

阿克瑪
沃倫丹　羊角村
馬肯
阿姆斯特丹　阿培爾頓
鬱金香公園　烏特勒支　邢亨
海牙
小孩堤防
恩多芬
白村
比利時　馬斯垂克

德國

UNIT 8-6 瑞士禮儀介紹及禁忌說明

各國文化禮俗

一、生活禮儀

① 進行拜訪及邀約需要事前先約定時間，同時必須準時；初次見面不進行邀約餐會，應待雙方熟識後再行邀約。

② 一般來說瑞士人待人較爲嚴肅，行事作風較爲保守、謹慎，有時甚至較爲頑固。

③ 進行商務活動時，遵守契約、誠實是一大特點。

④ 瑞士人較少邀請他人至家中作客，若是被邀請，須帶鮮花或糖果送給女主人當作禮物；收到禮物時，需當場打開才不會失禮。

⑤ 與瑞士人談話可談體育、政治及旅行等議題。

二、服裝禮儀

　　在日常生活中，瑞士人穿著樸素大方，崇尚自然，所以女性不太化妝；進行商務活動時，男性則穿三件式保守樣式西裝。

三、禮俗禁忌

① 瑞士人喜愛紅、黃、藍、橙、綠、紫、紅白相間色組，但是忌用黑色。

② 貓頭鷹圖騰代表死亡，所以禁用於商標。

③ 男性送女性玫瑰花，除非是情侶關係，不然不送 3 朵。

④ 與瑞士人談話不談節食減肥、年齡、工作及家庭狀況等個人隱私相關話題。

小博士解說

1. 瑞士氣候存在由西部海洋性氣候至東部的大陸性氣候的過渡性質，一般屬溫帶氣候，但不同地區則有相當大的差異。

2. 受地理位置影響，瑞士設有三種官方語言，分別爲：瑞士德語（63.7%）、瑞士法語（20.4%）、義大利語（6.5%）。

3. 瑞士聯邦沒有官方的國教，但是大部分州都認可天主教和瑞士歸正會兩種情況。

4. 瑞士的法定貨幣是瑞士法郎（CHF），歐元也可以使用。

• 瑞士生活禮儀

項目	禮俗
招呼與談話	▶ 談話可談體育、政治及旅行等議題。 ▶ 初次見面不進行餐會邀約。
拜訪或作客	▶ 拜訪及邀約需要事前先約定時間，同時必須準時。 ▶ 至家中作客，須帶鮮花或糖果送給女主人當作禮物。 ▶ 收到禮物時，需當場打開。
其他	▶ 從事商務活動遵守契約、誠實。

• 瑞士餐飲禮儀

項目	禮俗
服裝儀容	▶ 崇尚自然，女性不太化妝。 ▶ 從事商務活動，男性穿三件式保守樣式西裝。

• 瑞士禮俗禁忌

項目	禮俗禁忌
話題	▶ 不談節食減肥、年齡、工作及家庭狀況等話題。
其他	▶ 忌用黑色及貓頭鷹圖騰（死亡之意）。 ▶ 除非是情侶關係，不然不送3朵花。

各國文化禮俗

知識補充站

瑞士地圖

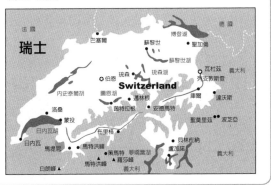

UNIT 8-7 西班牙禮儀介紹及禁忌說明

各國文化禮俗

一、生活禮儀

1 民風熱情，一般來說見面禮儀採用握手、擁抱及親吻三種。

2 拜訪及邀約前需要先約定時間，但西班牙人較無守時觀念，到別人家作客不會準時到，晚到 10-15 分鐘是可被接受的。

3 至西班牙人家裡作客，可帶鮮花、蛋糕、點心或巧克力作爲禮物。

4 西班牙的國花是石榴花，視石榴爲富貴、吉祥的象徵。

5 西班牙人喜歡談政治，但勿拿本國政治與西班牙政治作比較；其他喜愛的談論話題包含體育及旅行。

6 進行各種事務均有付小費的習慣，即使在帳單中已加入服務費也是如此，可另給 5 ％ 小費予侍者；一般來說計程車的小費約 10~15%，不過即使不付小費也不會引起麻煩。

7 星期二對西班牙人來說是吉祥的，所以許多婚禮都是訂在星期二舉行，先舉行典禮儀式，待儀式結束後，再舉辦宴會或舞會慶祝。

二、餐飲禮儀

1 西班牙人對飲食極爲喜愛和講究，境內餐館以「叉子」數量分爲 1~5 等。

2 午餐時間通常在下午 1 點半之後；晚餐約 10 點才進行。所以一般來說餐館 9 點以後才會開門做生意，而 11 點過後仍有大批人潮上門進食。

三、服裝禮儀

1 進行商務活動時，男性最好穿著保守樣式的西裝、內搭白色襯衫及打上式樣保守的領帶；即使是晚上參加宴會或參觀劇院也不會盛裝出席。工作時鞋子以黑色爲主，不穿其他顏色的鞋子。

2 西班牙婦女出門必須戴耳環，不然會被視爲裸體而被取笑。

四、禮俗禁忌

1 與西班牙人談話時，避免談論宗教、家庭和工作相關議題，更忌諱說鬥牛的壞話。

2 送花不送大麗花和菊花，因爲西班牙人視此 2 種花與死亡有關。

3 西班牙婦女善用扇子表達感情，若將扇子打開並遮住下半面，代表她在問人「你喜歡我嗎？」或是「愛你」，如果搧動扇子速度快，則代表要求人「離開我」，但若是將扇子開開合合，則代表「思念你」的意思，所以在西班牙，女性使用扇子要格外注意。

• 西班牙生活禮儀

項目	禮俗
招呼與談話	▶ 見面禮儀採用握手、擁抱及親吻三種。
拜訪或作客	▶ 碰面先約定時間，但較無守時觀念，故作客時，晚到10-15分鐘可被接受。 ▶ 作客時，可帶鮮花、蛋糕、點心或巧克力作為禮物。
其他	▶ 國花是石榴花，視石榴為富貴、吉祥的象徵。 ▶ 勿作政治比較；喜愛談論體育及旅行話題。 ▶ 有付小費的習慣，計程車的小費約10~15%，但不付也不會引起麻煩。 ▶ 星期二是吉祥的，所以婚禮多訂在星期二舉行。

• 西班牙餐飲禮儀

項目	禮俗
餐飲時間	▶ 午餐在下午1點半之後；晚餐約10點才進行。
其他	▶ 餐館以「叉子」數量多寡分為1~5等。

• 西班牙禮俗禁忌

項目	禮俗禁忌
話題	▶ 避免談論宗教、家庭和工作相關議題，更忌諱說鬥牛的壞話。
其他	▶ 視大麗花和菊花與死亡有關。 ▶ 在西班牙，女性使用扇子要格外注意。

各國文化禮俗

UNIT 8-8 葡萄牙禮儀介紹及禁忌說明

一、生活禮儀

① 葡萄牙人重視社交及人際關係，男士間相見會熱情擁抱及互拍肩膀，熟識的女性間打招呼則是親吻對方臉頰；而從事商業活動時，見面及道別均行握手禮。

② 葡萄牙人重視禮儀，與人交談時，要注意姿勢是否端正。女性注意雙腿併攏，不直視談話對象，直視對方被視為不禮貌的行為。

③ 拜訪及邀約需事先約定時間。

④ 應邀赴宴不一定需要帶禮物，可以用下次回請的方式表達謝意。

⑤ 需對女性表達禮貌，進門、上車均需禮讓女性；下樓梯時男性走在前面有保護女性之意。

⑥ 喜愛薰衣草，認為其不但有觀賞價值，還可用以製造香皂、洗髮乳等物品。

⑦ 從事各項活動有付小費的習慣，即使帳單已包含服務費，仍有再給 5~10% 小費的習慣。

⑧ 接待客人時，無論迎接或是送客，都親自在門口招待。

二、餐飲禮儀

葡萄牙人以麵食為主，但以鍾情於鱈魚而聞名。用餐一般都飲用葡萄酒，還有分飯前飲用的開胃酒及飯後飲用助消化的葡萄酒，另有搭配紅肉的紅葡萄酒、搭配白肉的白葡萄酒、搭配冷盤的玫瑰香葡萄酒及搭配點心的葡萄汽酒。

三、服裝禮儀

① 葡萄牙人在正式的社交場合非常重視服裝整潔，男士身穿深色西服，打領帶或領結；女性則穿華麗的套裝或連身裙；從事商務活動時，穿著保守、老式的西裝。

② 在日常生活中從葡萄牙人的穿著可以概略看出職業，例如：年輕的男性職員喜愛穿寬鬆的西服，男大學生多穿運動衫及牛仔褲，女教師則多穿套裝。

四、禮俗禁忌

① 與葡萄牙人從事商務活動，最好安排在當年的 10 月至次年 6 月，每日中午 12 點至下午 3 點不辦公，因此洽談商務事宜應避開此一時段。

② 與葡萄牙人談話，需避免談論政治、年齡、婚姻狀況等相關議題，而可以談論家庭、個人愛好及讚頌對方優點等相關議題。

③ 忌諱數字「13」及「星期五」。

各國文化禮俗

• 葡萄牙生活禮儀

項目	禮俗
招呼與談話	▶ 男士間熱情擁抱及互拍肩膀。 ▶ 女性間互吻臉頰。 ▶ 商業活動時，行握手禮。 ▶ 與人交談時，要注意姿勢是否端正。
拜訪或作客	▶ 需事先約定時間。 ▶ 身為主人會親自在門口招待。 ▶ 赴宴不一定需要帶禮物，可回請。
其他	▶ 尊重女性。 ▶ 喜愛薰衣草。 ▶ 各項事務均有付小費的習慣。

• 葡萄牙餐飲禮儀

項目	禮俗
食物	▶ 以麵食為主。 ▶ 喜愛鱈魚。
酒	▶ 用餐一般都飲用葡萄酒。

• 葡萄牙服裝餐飲禮儀

項目	禮俗
重點	▶ 男士著深色西服。 ▶ 女性著華麗的套裝或連身裙。 ▶ 可從穿著概略看出職業。

• 葡萄牙禮俗禁忌

項目	禮俗禁忌
話題	▶ 避免談政治、年齡、婚姻狀況等話題。
忌用數字	▶ 「13」及「星期五」。
每日休息時間	▶ 每日中午12點至下午3點不辦公。

各國文化禮俗

UNIT 8-9 奧地利禮儀介紹及禁忌說明

一、生活禮儀

1 民風熱情、親切，即使遇見不認識的人也會熱情打招呼；拜會公司單位時，會親切與人一一握手；男女相見時，女性習慣行屈膝禮，有時會伸出右手讓對方行吻手禮。

2 重視頭銜，所以稱呼別人時，要注意別把對方的頭銜稱呼錯誤，此舉會讓對方對自己的印象變差。

3 拜訪及邀約要事先約定時間，並依約前往。

4 接受午餐邀宴勿搶著付帳，可以另約時間再以回請方式表達謝意；受邀至奧地利人家中作客，可攜帶鮮花或巧克力作為禮物。

二、服裝禮儀

日常生活中，奧地利男子喜歡穿著短褲或馬褲；從事商務活動宜穿保守樣式的西裝；出席觀看歌劇，男子愛穿白色禮服，女子則多穿紅色裙裝。

三、禮俗禁忌

1 奧地利人喜歡談論民族性及個人成就，但要避免談論金錢、宗教和政治議題。

2 奧地利人喜愛綠色但不喜愛黑色。

3 忌諱數字「13」及星期五，進行任何事都會盡量迴避。

小博士解說

1. 氣候溫和，冬季寒冷、夏季涼爽，大部分地區處於溫帶海洋性氣候和溫帶大陸性氣候過渡區內。
2. 目前持中華民國護照可免簽證停留 90 天。
3. 流通貨幣為歐元。
4. 主要流通語言為德語，少數地方講匈牙利語、斯洛維尼亞語、克羅埃西亞語。

• 奧地利生活禮儀

項目	禮俗
招呼與談話	▶ 商務行握手禮。 ▶ 男女相見時，女性行屈膝禮或讓男士行吻手禮。 ▶ 稱呼別人時注意頭銜稱。
拜訪或作客	▶ 事前先約定時間，並依約前往。 ▶ 作客時可攜帶鮮花或巧克力作為禮物。
其他	▶ 接受奧地利人午餐邀宴，勿搶著付帳。

• 奧地利服裝禮儀

項目	禮俗
重點	▶ 平時男子喜歡穿著短褲或馬褲。 ▶ 從事商務著西裝。 ▶ 出席觀看歌劇，男女均著禮服。

• 奧地利禮俗禁忌

項目	禮俗禁忌
話題	▶ 避免談論金錢、宗教和政治議題。
忌用數字	▶ 忌用「13」及星期五。
忌用顏色	▶ 黑色。

各國文化禮俗

知識補充站

奧地利地圖

下奧地利
上奧地利
維也納
福拉爾貝格
蒂羅爾
薩爾斯堡
施泰爾馬克
布爾根蘭
克恩滕

UNIT 8-10 比利時禮儀介紹及禁忌說明

一、生活禮儀

1 與人見面一般都是行握手禮，不過也有些地區的人民會行親吻禮和擁抱禮。稱呼別人時不可直呼名字，只能用先生、小姐及夫人等稱謂來稱呼。

2 拜會及邀約需事先約定時間，較為恰當的時間為上午 10 點至下午 5 點，洽商比較好的時段為下午 1 點至 3 點的午餐時段。

3 受邀至比利時人家中作客，事前須請人送花至主人家中；收到比利時人送的禮物，須馬上打開並表示喜歡之意。

4 對於比利時人來說，利用手勢比出 OK 或豎起拇指有讚美的意思，而 V 形手勢則有勝利的意思。

二、餐飲禮儀

1 比利時人飲食較為清淡，早餐習慣吃優酪乳及水果。

2 用餐時習慣飲用啤酒及白蘭地；飯後飲用咖啡。

3 與比利時人一起用餐時，除非餐桌上有菸灰缸，否則別在餐桌上吸菸。

三、服裝禮儀

1 比利時人重視服裝質感，以展現高貴的氣息。

2 日常生活中，男性喜愛穿西裝打上鮮豔顏色的領帶，而女性在穿著打扮時喜愛用配飾及配件。

3 從事商務活動時，男士則穿三件式的保守樣式西服。

四、禮俗禁忌

1 菊花對比利時人來說代表死亡，所以送花時不送菊花。

2 忌用墨綠色，因為墨綠色會讓他們聯想到軍服，也不用藍色，因為他們認為藍色是魔鬼的顏色。

3 同樣忌諱數字「13」及星期五。

• 比利時生活禮儀

項目	禮俗
招呼與談話	▶ 一般行握手禮。 ▶ 部分地區行親吻禮和擁抱禮。 ▶ 稱呼別人不可直呼名字。
拜訪或作客	▶ 事前先約定時間，並依約前往。 ▶ 作客時可攜帶鮮花或巧克力做為禮物。 ▶ 習慣在人前拆禮物。

• 比利時餐飲禮儀

項目	禮俗
食物	▶ 早餐喜食優酪乳及水果。
飲品	▶ 用餐喝啤酒及白蘭地；飯後喝咖啡。
其他	▶ 餐桌上有菸灰缸才可吸菸。

• 比利時服裝禮儀

項目	禮俗
重點	▶ 重視服裝質感。 ▶ 男性喜愛鮮豔領帶，女性喜愛搭配髮飾及配件。 ▶ 從事商務活動時，男士穿三件式的保守樣式西服。

• 比利時禮俗禁忌

項目	禮俗禁忌
話題	▶ 避免談論金錢、宗教和政治議題。
忌用數字	▶ 忌用「13」及星期五。
忌用顏色	▶ 墨綠色、藍色。

UNIT 8-11 義大利禮儀介紹及禁忌說明

一、生活禮儀

① 與好友相見時，會擁抱及輕拍對方背部以表示開心熱忱。

② 生性活潑熱情，即使遇見陌生人，也會親切地打招呼。

③ 拜訪義大利人需要提早聯繫預約，避免約一早或午餐 2 小時內；到訪時可攜帶鮮花、葡萄酒或巧克力作爲伴手禮。

④ 當地人不習慣遵守交通規則，因此在義大利遊玩或進行商務事宜時，走路或開車均要小心。

⑤ 義大利人中午休息時間至下午 3 點，因此下午 3 點前除了咖啡店及餐館外，其他商店都是關門休息的。

二、餐飲禮儀

　　義大利人用餐時不發出聲音，吃麵食時，用叉子將麵捲成一口大小再食用；可用麵包沾取餐盤內的湯汁一起食用，這也是對廚師廚藝的一種讚美。

三、服裝禮儀

① 義大利人非常講究儀表及穿著，故容易以貌取人，穿著光鮮會獲得較好的服務。

② 於義大利出席正式場合，均需著正式服裝，甚至至名品店購物亦需盛裝打扮，否則無法進入，僅能站在櫥窗前觀望。

四、禮俗禁忌

① 與義大利人交談，以下幾個話題不受歡迎：黑手黨、政治、宗教及納稅等問題。

② 忌 13 和星期五，所以用餐時忌諱 13 人同桌，認爲會招致厄運及災難。

③ 忌送人象徵「喪事」的菊花及有「示愛」意義的紅玫瑰。

④ 義大利人生活步調悠閒，用餐時間也較長，因此上餐館用餐時，催促上菜會被視爲無禮的行爲。

⑤ 一般人喜愛灰色及綠色，忌用紫色。

⑥ 義大利人忌諱用食指指著對方；也忌諱在室內開傘。

各國文化禮俗

• 義大利生活禮儀

項目	禮俗
招呼與談話	▶ 遇見好友會擁抱及輕拍對方背部。 ▶ 遇見陌生人，也會親切地打招呼。
拜訪或作客	▶ 需預約；可攜帶鮮花、葡萄酒或巧克力作為伴手禮。
其他	▶ 中午休息時間至下午3:00。

• 義大利餐飲禮儀

項目	禮俗
麵食	▶ 用叉子捲麵。
麵包	▶ 可沾取餐盤內的湯汁一起食用。
其他	▶ 用餐時不發出聲音。

• 義大利服裝禮儀

項目	禮俗
外出服裝	▶ 容易以貌取人，穿著光鮮會獲得較好的服務。

• 義大利禮俗禁忌

項目	禮俗禁忌
話題	▶ 黑手黨、政治、宗教及納稅等問題。
忌用數字	▶ 13和星期五。
忌用顏色	▶ 紫色。
其他	▶ 忌菊花及紅玫瑰花。 ▶ 忌催促上菜。 ▶ 忌用食指指著對方；也忌諱在室內開傘。

UNIT 8-12 瑞典禮儀介紹及禁忌說明

一、生活禮儀

1. 參加宴會或商務會議時，與主人見面或宴會結束離開均須握手，離開時須在穿好大衣前先握手道別。

2. 瑞典人守時、守法、處事按部就班、規規矩矩，故處理事情時速度較慢。與瑞典人碰面建議事前預約，並切記準時赴約。

3. 受瑞典人之邀作客可帶鮮花作為伴手禮。

4. 瑞典人注重環境的綠化及美化，開車不亂按喇叭，故環境較無汙染狀況。

二、餐飲禮儀

1. 餐飲席間，須待主人、年長者或階級較高者敬酒才可敬酒。在主人說「SKOAL」（乾杯或祝福健康之意）之前，不要拿起酒杯。

2. 宴會或用餐時，賓客坐在主人的左側，主賓客可起立向女主人回敬祝酒。

3. 於瑞典飲酒有嚴格的法令規定，即使在家飲酒也需持特許證到指定處購買，並交納稅款。

4. 離開會場時，須向主人致謝，並於隔日致電向主人再次表達感謝之意。

三、禮俗禁忌

1. 與瑞典人交談切忌詢問年齡及政治傾向。

2. 不詢問瑞典人家庭隱私。

3. 瑞典人不喜愛黃色及藍色。

4. 切忌酒後開車，相關罰責很嚴格。

小博士解說

1. 瑞典為高度已開發國家，社會福利制度極為完善，人民享有高品質的生活。

2. 官方語言為瑞典語，但英語為所有瑞典學生必修語言。

3. 是世界少數實行全部免費教育的國家，從小學到大學均免收學費。

• 瑞典生活禮儀

項目	禮俗
招呼與談話	▶ 一般行握手禮。
拜訪或作客	▶ 事前預約，並準時赴約。 ▶ 受邀作客可帶鮮花作為伴手禮。
其他	▶ 開車不亂按喇叭。

• 瑞典餐飲禮儀

項目	禮俗
酒	▶ 待位階高者敬酒才可敬酒。 ▶ 主賓客可起立向女主人回敬祝酒。 ▶ 買酒須持特許證並繳稅。

• 瑞典禮俗禁忌

項目	禮俗禁忌
話題	▶ 忌年齡、政治傾向及家庭隱私等話題。
忌用顏色	▶ 黃色及藍色。
其他	▶ 忌酒後開車。

知識補充站
瑞典地圖

北博騰省
西博騰省
耶姆特蘭省
西諾爾蘭省
耶夫勒堡省
達拉納省
韋姆蘭省　西曼蘭省　烏普薩拉省
厄勒布魯省　斯德哥爾摩
南曼蘭省
西約特蘭省　東約特蘭省
延雪平省　卡爾
哈蘭省　布魯努　馬省　哥得蘭省
貝里省
斯科內省　布萊金厄省

UNIT 8-13 芬蘭禮儀介紹及禁忌說明

一、生活禮儀

1. 在官方場合與客人相見時，習慣施以握手禮。在親人及密友之間，也施予親吻禮；吻唇禮一般只在情侶及夫妻間。
2. 與芬蘭人交談，可談體育、運動、旅遊及政治等話題。
3. 芬蘭人重視時間觀念、有修養、好自由，招待客人時熱情有禮；但是約會需事前安排，並準時赴約。
4. 至芬蘭人家中作客可帶鮮花作為伴手禮。
5. 愛藝術也愛閱讀，同時也重視運動。
6. 芬蘭人偏愛白色，視白色為和平、純潔、公正；喜愛帶給人們歡樂。
7. 喜愛優美環境的鈴蘭花和繡球菊，人們還喻鈴蘭為國花。
8. 至芬蘭旅遊或出差，一般來說服務費已包含在飯店帳單中，所以不需額外再給。
9. 搭乘計程車也不需要另外給小費。

二、餐飲禮儀

1. 漁產豐富，人們普遍喜食魚類，「烤鹿肉」是他們的上等佳肴。
2. 習慣宴請狀似公雞的黑褐色烤麵包，麵包裡夾的是魚及豬肉等美味食物。
3. 喜愛喝啤酒，會對友人反覆敬酒。

三、禮俗禁忌

1. 信奉伊斯蘭教的教徒禁食豬肉，忌諱談論有關豬的問題，同時也忌諱使用豬製品。
2. 忌諱交叉式的握手或交叉式的相互談話。認為這兩種方式均屬不禮貌的範疇。
3. 在與客人談話時，會保持一定距離（1.2 公尺左右），一般都不願相互間距離過近。
4. 芬蘭人視「13」、「星期五」為不吉祥的數字與日期，並認為其會給人們帶來厄運和災難。
5. 芬蘭人在飲食上不習慣吃稀奇古怪的海鮮；也不愛吃薑和香菜；和多數其他國家一樣，一般人也不吃動物內臟。

• 芬蘭生活禮儀

項目	禮俗
招呼與談話	▷ 一般行握手禮；親友間行親吻禮。 ▷ 可談體育、運動、旅遊及政治等話題。
拜訪或作客	▷ 需事前安排，並準時赴約。 ▷ 作客時可帶鮮花作為伴手禮。
其他	▷ 愛閱讀，也重視運動。 ▷ 偏愛白色。 ▷ 喜愛鈴蘭花(國花)和繡球菊。 ▷ 沒有給小費的習慣。

• 芬蘭餐飲禮儀

項目	禮俗
食物	▷ 喜食魚類。 ▷ 「烤鹿肉」是上等佳肴。
酒	▷ 喜愛喝啤酒。

• 芬蘭禮俗禁忌

項目	禮俗禁忌
談話	▷ 忌談論有關豬的問題。 ▷ 忌交叉式握手或交叉式談話。 ▷ 與人談話會保持一定距離。
忌用數字	▷ 「13」、「星期五」。
忌食食物	▷ 古怪的海鮮。 ▷ 薑和香菜。 ▷ 動物內臟。

各國文化禮俗

UNIT 8-14 澳洲禮儀介紹及禁忌說明

一、生活禮儀

1 澳洲人稱呼人時，習慣直接稱呼名，不稱呼姓，除非爲初次見面且對方有些社會地位頭銜，例如：Professor Smith，才會加上其頭銜一同稱呼。

2 與人打招呼，一般行握手禮，擁抱親吻的方式較爲少見；但是女性之間較不行握手禮，常以親吻對方臉頰取代。

3 至澳洲人家作客，須帶 1-2 瓶酒赴宴，此酒也是由帶酒的人打開，並幫他人倒酒，送花給女主人是常見的禮物。

4 澳洲人重時間觀念，約會需要事先約好，並準時赴約。

5 做任何事有排隊的習慣。

6 購物不流行殺價，所以至澳洲購物不要討價還價。

7 重視禮貌，在公共場合不大聲喧嘩。

8 重視女性優先。

二、餐飲禮儀

1 澳洲人喜食牛肉、豬肉及牛奶等，口味較爲清淡。

2 喜愛飲用啤酒及咖啡；餐飲中多以果汁、牛奶、啤酒及其他飲料取代熱湯。

三、服裝禮儀

1 男子多穿西裝打領帶，在正式場合則打黑色領結；女性多數時間穿著裙子，會在社交場合穿上套裝上衣。

2 日常生活無論男性、女性均喜愛穿著牛仔褲，認爲牛仔褲非常便利。

四、禮俗禁忌

1 男士之間不喜愛緊緊擁抱或握住雙肩的動作。

2 在社交場合中，勿打哈欠或伸懶腰；眨眼被視爲不禮貌的行爲。

3 忌諱兔子，認爲兔子是不吉祥的動物。

4 忌諱數字「13」及「星期五」。

• 澳洲生活禮儀

項目	禮俗
招呼與談話	▶ 與人打招呼直接稱呼名，不稱呼姓。 ▶ 一般行握手禮；但女性間常以親吻對方臉頰取代。
拜訪或作客	▶ 作客時，須帶1-2瓶酒赴宴，送花給女主人是常見的禮物。 ▶ 約會需事先約好，並準時赴約。
其他	▶ 做任何事均須排隊。 ▶ 購物不討價還價。 ▶ 在公共場合不大聲喧嘩。 ▶ 女性優先。

• 澳洲餐飲禮儀

項目	禮俗
食物	▶ 喜食牛肉、豬肉及牛奶。
酒	▶ 喜飲用啤酒及咖啡。

• 澳洲服裝禮儀

項目	禮俗
服裝	▶ 男子多著西裝打領帶（正式：黑領結）；女性著裙子（正式：套裝）。 ▶ 男、女性均喜愛穿著牛仔褲。

• 澳洲禮俗禁忌

項目	禮俗禁忌
肢體動作	▶ 不喜緊緊擁抱或握住雙肩。 ▶ 忌打哈欠、伸懶腰或眨眼。
禁忌動物	▶ 兔子。
禁忌數字	▶ 「13」及「星期五」。

各國文化禮俗

UNIT 8-15 日本禮儀介紹及禁忌說明

各國文化禮俗

一、生活禮儀

1. 初次見面時不直接稱呼對方名字，需稱呼姓氏或職稱以表示尊重。
2. 日本人習慣送禮，認為可以拉近關係，所以不可以推辭收禮。收禮時，不會當眾拆開禮物，若有被要求拆禮物也會小心翼翼，因為過於匆忙，會給人貪婪的印象。
3. 在部分傳統旅店中，進入廁所前需換上放置門外的紅鞋，如廁結束後，記得換回鞋子，穿著紅鞋到處走會被別人取笑。
4. 每年年初和夏季，有寄問候卡給親人或曾照顧自己的人的習慣。
5. 龍蝦的長鬚是長壽的象徵，所以元旦當天會用龍蝦做為裝飾品以討吉利。
6. 在車站內手扶梯上習慣站在左邊，空出右邊的走道以利他人快速通行；在車廂內，會注意自己的音量。
7. 進入日本人家中，在玄關處即脫下大衣、風衣、圍巾及鞋子，且鞋尖要朝外擺放整齊。

二、服裝禮儀

1. 日本人出席商務場合時著西裝或套裝；參與一些民俗活動，有時穿和服，搭配分趾布襪，及日式木屐或草履；和服的顏色、布料、款式及圖案會隨著年齡、婚姻狀況及身分地位而有所不同。
2. 參加婚宴不穿白色的衣服，因為白色是新娘的顏色；可以穿黑色衣服，但不可全身黑，需要搭配顏色鮮豔的披肩或包包等。
3. 與日本人會面時，要注意衣著打扮，不可隨便（例如：拖鞋、背心），如此會被視為沒教養。

三、禮俗禁忌

1. 與日本人談話須避免談論二次大戰或關於日本侵略他國的話題。
2. 日本人不用代表喪葬的黑、灰及白色紙張包裝禮物；送禮物要避諱有動物圖案的禮物、山茶花、百合花、蓮花（喪事聯想），也不送梳子，因為發音與「苦」及「死」相同。
3. 日本人不喜歡別人碰觸自己的身體，會讓他覺得不自在。
4. 在公開場合大笑、打哈欠或大聲擤鼻涕是不禮貌的行為。
5. 招手或指引方向需要整隻手，僅用食指被視為無禮行為。
6. 日本人忌諱數字「4」及「9」，因為和「死」及「苦」的發音相同。

● 日本生活禮儀

項目	禮俗
招呼與談話	▶ 初次見面，稱呼對方姓氏或職稱以示尊重。
拜訪或作客	▶ 習慣送禮，通常收禮時不會當眾拆開。 ▶ 拜訪親友時，在玄關處即脫下大衣、圍巾及鞋子等物。
其他	▶ 年初和夏季，會寄卡片問候親人或曾照顧自己的人。 ▶ 龍蝦的長鬚是長壽的象徵。 ▶ 習慣站在手扶梯上左邊，空出右邊的走道。 ▶ 在車廂內，會注意音量。

● 日本餐飲禮儀

項目	禮俗
商務場合	▶ 著西裝或套裝。
民俗活動	▶ 穿和服，搭配分趾布襪，及日式木屐或草履。
參加婚宴	▶ 不穿白色衣服；可以穿黑色衣服，但不可全身黑，可搭配配件等。
會面	▶ 要注意衣著打扮，不可隨便。

● 日本禮俗禁忌

項目	禮俗禁忌
話題	▶ 避免談論二次大戰或關於侵略他國的話題。
忌用數字	▶ 「4」及「9」，因為和「死」及「苦」的發音相同。
忌用圖騰	▶ 動物圖案的禮物。
忌用顏色	▶ 不用代表喪葬的黑、灰及白色紙張包裝禮物。
禁忌動作	▶ 身體碰觸。 ▶ 在公開場合大笑、打哈欠或大聲擤鼻涕。
其他	▶ 不送有喪事聯想的山茶花、百合花、蓮花。

UNIT 8-16 韓國禮儀介紹及禁忌說明

一、生活禮儀

① 家長制，全家大小事都聽一家之長的意思，下屬服從長官，也是天經地義。

② 對年齡比自己大的人要尊稱「哥」或「姊」，在學校低年級的要稱高年級為「學長」，職場上要尊稱資深同仁為「前輩」。

③ 近代韓國婚禮儀式，一開始由新娘身著白紗禮服，新郎著燕尾西服進行儀式；第二階段新郎及新娘則換上傳統華麗服裝，再行傳統儀式。

④ 不可隨地亂丟垃圾及吐痰，坐車要繫安全帶，不穿越馬路，不然會被罰款。

⑤ 除觀光旅館包含 10% 小費外，在韓國沒有支付小費的習慣。

二、餐飲禮儀

① 與長輩一同吃飯，必須等到男性長輩或父母親先動筷子才可開動。

② 以米食為主，泡菜、海鮮醬及味噌醬等醃漬品為代表性食品。

③ 所有餐點一次上齊，小菜數量依據社會地位不同，從 3 碟至為皇帝準備的 12 碟等。

④ 吃飯時碗不端起來，多用長柄湯匙吃飯；湯匙使用率高於其他亦以米食為主的亞洲國家。

⑤ 為人倒酒時，一手拿酒瓶另一手需托住手臂，這樣才是符合禮儀的方式。

⑥ 用餐時不可拒絕別人的敬酒，若不能喝，可以在杯中留下一點酒，但對於主人敬菜要先婉拒，直到第三次時才可接受，以示客氣。

三、服裝禮儀

① 近代大部分韓國人民已習慣穿著西式洋裝及西服，但是在春節、中秋節或婚禮等重要節慶或典禮，仍有許多人會穿傳統民族服裝。

② 女性傳統服飾為色彩豐富的短上衣加優雅的長裙，男性則為短褂加上用細帶綁住寬大褲腳的長褲。

四、禮俗禁忌

① 勿在韓國人面前批評其國家或個人的生活水準。

② 不喜歡人家稱他們為朝鮮，因為會勾起他們被日本統治的記憶，也不喜歡人們用京城來稱呼首爾。

③ 與長輩共處一室，不可抽菸、也不能戴墨鏡。

④ 至韓國旅遊，總統府、青瓦台及天馬家等著名的旅遊景點不可拍照，若違反規定，照片將被銷毀，導遊證也會被扣押，所以務必小心。

各國文化禮俗

• 韓國生活禮儀

項目	禮俗
招呼與談話	▶ 稱年長者為「哥」或「姊」。 ▶ 稱高年級同學為「學長」。 ▶ 稱職場資深者為「前輩」。
其他	▶ 婚禮先行西方白紗及燕尾服儀式；再著傳統服飾行傳統儀式。 ▶ 不亂丟垃圾及吐痰，坐汽車要繫安全帶，不亂穿越馬路。 ▶ 除旅館外，沒有支付小費的習慣。

• 韓國餐飲禮儀

項目	禮俗
代表性食物	▶ 泡菜、海鮮醬及味噌醬等醃漬品。
酒	▶ 倒酒時，一手拿酒瓶另一手需托住手臂。
餐具使用	▶ 吃飯時多用長柄湯匙。
其他	▶ 男性長輩或父母親先開動才可開動。 ▶ 小菜數量依據社會地位不同而異。 ▶ 不可拒絕別人的敬酒。 ▶ 主人敬菜要到第三次時才可接受。

• 韓國禮俗禁忌

項目	禮俗禁忌
話題	▶ 勿批評其國家或個人的生活水準。 ▶ 不喜歡被稱朝鮮，也不喜歡用京城來稱呼首爾。
禁忌動作	▶ 避免在長輩面前，抽菸、戴墨鏡。 ▶ 避免至總統府、青瓦台及天馬家等著名旅遊景點拍照。

各國文化禮俗

UNIT 8-17 泰國禮儀介紹及禁忌說明

一、生活禮儀

① 與人見面時，常將雙手合十放在額頭至胸前間，雙手高度越高代表越有禮貌；較少行握手禮；只有和尚可以不需要行禮，點頭微笑示意即可。

② 稱呼人以名字加上「先生」或「小姐」，不稱姓氏。

③ 20 歲左右的男子都要出家 3 天至 3 個月，所以在泰國有 26 萬多名和尚。

④ 白色象徵宗教的純潔；藍色則代表王室；黑色代表喪事。

⑤ 與長輩同坐時，長輩坐椅子，晚輩就必須坐地上，因為坐姿不可高於長輩的頭，以免不敬。

⑥ 進入泰國人的家或佛壇都需要脫鞋；尤其是家中有佛壇者，還需要脫掉襪子及帽子。

⑦ 泰國男性手牽手在路上行走是很正常的，但是男女手牽手走在公開場合則被認為是不合禮節的。

二、服裝禮儀

① 泰國人習慣用顏色代表日期，黃色代表星期一，粉紅色代表星期二，綠色代表星期三，橙色代表星期四，淡藍色代表星期五，紫紅色代表星期六，人民會依照不同的日子，穿不同顏色的衣服。

② 參加正式宴會、在高級餐廳用餐或參加舞會，應著正式服裝，勿穿短褲或涼鞋出席。

③ 年輕女孩喜愛穿著顏色鮮豔的服裝，但是年紀較大的女性若穿著過於鮮豔的服裝，會被認為不合禮節。

三、禮俗禁忌

① 泰國人非常重視佛祖及國王，所以與泰國人談話時，忌批評佛祖及國王。

② 泰國人喜歡紅及黃色，但是忌用褐色。

③ 在泰國不可踩房屋的門檻，因為泰國人認為門檻下住著神靈。

④ 不用紅筆寫姓名，因為泰國人將死人的姓名用紅筆寫在棺木上。

⑤ 與泰國人交換名片或收取物品勿用左手，因為泰國人認為左手不夠潔淨。

⑥ 泰國人認為「頭」是靈魂所在，被摸頭是奇恥大辱，所以不可以摸泰國人的頭，即使是小孩的頭也不可以摸，如果小孩頭被打，這小孩則被認為一定會生病。泰國人坐著時也忌諱別人拿東西從自己的頭上經過；睡覺時頭不可朝西，因為頭朝西代表死亡。

• 泰國生活禮儀

項目	禮俗
招呼與談話	▶ 雙手合十放在額頭至胸前間，雙手越高代表越有禮貌。 ▶ 少行握手禮。 ▶ 和尚可不需要行禮，點頭微笑示意即可。 ▶ 稱呼人於名字加上「先生」或「小姐」，不稱姓氏。
顏色	▶ 白色象徵宗教的純潔；藍色則代表王室；黑色代表喪事。
其他	▶ 20歲左右的男子都要出家三天至三個月。 ▶ 坐姿不可高於長輩的頭。 ▶ 進入室內都需要脫鞋；有佛壇處，還需要脫掉襪子及帽子。 ▶ 男性可手牽手在路上行走，但男女不宜。

• 泰國服裝禮儀

項目	禮俗
正式場合	▶ 著正式服裝，勿穿短褲或涼鞋出席。
顏色	▶ 習慣用顏色代表日期，所以不同的日子穿不同顏色的衣服。 ▶ 年輕女孩喜穿顏色鮮豔服裝，但年紀較長女性不宜。

• 泰國禮俗禁忌

項目	禮俗禁忌
話題	▶ 忌批評佛祖及國王。
忌用顏色	▶ 褐色。
禁忌動作	▶ 踩房屋的門檻。 ▶ 在眾人面前與人爭執。 ▶ 用左手。 ▶ 用紅筆寫姓名。 ▶ 摸頭。 ▶ 東西從自己的頭上經過。 ▶ 睡覺時頭朝西，因為代表死亡。

UNIT 8-18 新加坡禮儀介紹及禁忌說明

一、生活禮儀

① 與人見面時行握手禮，若對象是東方人，則亦可以鞠躬取代。

② 無論進行何事均要排隊；也非常重視公共衛生及秩序，若不遵守規定將處以重罰。

③ 進入清真寺或某些人的家裡前需要脫鞋。

④ 喜愛代表吉祥的紅色雙囍字、蝙蝠及大象圖案，另外紅色代表平等，白色代表純淨。

二、餐飲禮儀

① 習慣利用午餐或晚餐時間接待客人，至新加坡人家中作客，可攜帶鮮花及巧克力做為禮物。

② 與新加坡的印度人或馬來人一同用餐，不使用左手，因為他們認為左手不潔淨。

③ 喜愛飲茶，農曆過年期間準備一壺茶加上橄欖，象徵恭賀發財的「無寶茶」。

三、禮俗禁忌

① 談話時應避談政治與宗教的話題。

② 認為紫色及黑色代表不吉利，黑、白及黃色為禁忌的顏色。

③ 商業上不喜用如來佛的圖像，也禁用象徵宗教及與宗教相關詞句於標誌上。

④ 忌用數字 4、7、8、13、37 和 69。

⑤ 用鞋底朝著對方是不禮貌的行為，所以坐著時不蹺二郎腿。

⑥ 忌諱男子留長髮及鬍子，所以留長髮、穿牛仔褲及拖鞋的外國人，可能會被限制入境。

• 新加坡生活禮儀

項目	禮俗
招呼與談話	▶ 見面時行握手禮，若對東方人，可以鞠躬取代。
其他	▶ 重視公共衛生及秩序，若不遵守將重罰。 ▶ 進入部分室內或清真寺需要脫鞋。 ▶ 喜愛紅色雙囍字、蝙蝠及大象等圖案。 ▶ 視紅色代表平等，白色代表純淨。

• 新加坡餐飲禮儀

項目	禮俗
與手相關	▶ 不使用左手，認為左手不潔淨。
其他	▶ 作客時，可帶鮮花及巧克力做為禮物。 ▶ 喜愛飲茶，農曆過年期間準備「無寶茶」。

• 新加坡禮俗禁忌

項目	禮俗禁忌
話題	▶ 與新加坡人談話，避談政治與宗教話題。
送禮	▶ 商業用途上，不喜用如來佛的圖像及相關標語。
其他	▶ 紫色及黑色代表不吉利，忌用黑、白及黃色。 ▶ 忌用數字4、7、8、13、37和69。 ▶ 忌鞋底朝人。 ▶ 忌諱男子留長髮及鬍子。

各國文化禮俗

各國文化禮俗

UNIT 8-19 菲律賓禮儀介紹及禁忌說明

一、生活禮儀

① 與人見面時，一般都行握手禮，男性之間有時會拍肩膀。

② 拜訪或邀約均需事先安排，同時建議準時赴約。

③ 參加完宴會的隔天，可寄張謝卡給主人，以表達感謝招待之意。

④ 至菲律賓人家中作客，如果看見主人進入室內脫鞋，賓客必須跟著脫鞋。

二、餐飲禮儀

① 境內很多地方以手抓食物進食，所以開始用餐前，要將手洗淨。

② 以米食為主，但早餐偏愛西餐，午、晚餐則較偏愛中餐，餐點喜愛微辣；無論男女，都喜愛喝啤酒；不過在選舉期間不售酒，也不可以喝酒。

③ 吃麵條有代表長壽的意思。

④ 吉里巴斯人認為「3」是吉祥數字，所以很多事情他們會重複做三次。

三、禮俗禁忌

① 送禮不送手帕，因為手帕代表會讓收到禮物的人哭泣。

② 馬來人送禮則不送酒、玩具豬或玩具狗。

小博士解說

1. 平均溫度為 25℃ 到 32℃，平均溼度 77%；每年從 1 月到 5 月上半年間，是訪問菲律賓的最佳時間，這個時節有較多的節慶活動。

2. 廣泛使用的語言包含：菲律賓語 / 他加祿語、英語。

3. 請準備零錢搭乘到處走動的奇特陸地運輸工具——吉普公車、三輪腳踏車或者三輪車。

4. 菲律賓貨幣單位為比索，在主要城市都有提供兌換錢的服務。

5. 有收取小費的習慣，支付標準為帳單總金額的 10%，但如果帳單內已包括 10% 的服務費，則小費可選擇是否支付。

• 菲律賓生活禮儀

項目	禮俗
招呼與談話	▷ 行握手禮，男性之間有時會拍肩膀。
其他	▷ 拜訪或邀約須先安排，同時準時赴約。 ▷ 參加完宴會的隔天，可寄謝卡給主人致意。 ▷ 進入室內，若主人脫鞋亦須跟著脫鞋。

• 菲律賓餐飲禮儀

項目	禮俗
與手相關	▷ 很多地方以手抓食物進食。
其他	▷ 以米食為主，餐點喜愛微辣；也愛啤酒。 ▷ 吃麵條代表長壽。 ▷ 認為「3」是吉祥數字。

• 菲律賓禮俗禁忌

項目	禮俗禁忌
送禮	▷ 不送手帕、酒、玩具豬或玩具狗。

知識補充站

菲律賓地圖

南中國海　巴拿威　碧瑤　菲律賓海　馬尼拉　長灘島　宿霧　巴拉望島　蘇綠海　馬來西亞　菲律賓

各國文化禮俗

UNIT 8-20 印度禮儀介紹及禁忌說明

一、生活禮儀

① 印度教徒與人打招呼或告別，常將雙手舉至臉部高度行雙手合十禮並問安，但無須同時點頭。

② 進入寺廟大殿需脫鞋或租用鞋套，襪子可以不脫；進入錫克廟時，頭上需蓋上乾淨的布；進入廚房前也需要脫鞋。

③ 印度教徒常在「聖河－恆河」中沐浴，認為可以洗刷罪過。

④ 正統的穆斯林婦女不可見男賓客，但是邀約印度人參加社交活動，仍需邀請夫妻一同參與。

⑤ 至印度人家裡作客，可準備糖果、水果做為禮物，不過一般印度婦女不與賓客聊天及一同吃飯。

⑥ 很重視身分地位，地位不同者，不可平起平坐。

⑦ 喜愛數字 3、7 及 9，在顏色上則喜愛紅、黃、藍、綠、橙色及其他較鮮豔的顏色。

⑧ 印度人用搖頭或將頭向左偏一點又迅速回復原狀，來表示同意或贊同。

二、餐飲禮儀

① 83％印度人信奉印度教，視「牛」為聖獸，所以不吃牛肉，但喝牛奶。

② 信奉伊斯蘭教的印度人不吃豬肉，虔誠者也不喝酒。

③ 60％以上在孟買的印度人均為素食者，所以宴請印度人前，需確認對方飲食習慣。

④ 印度人喜愛喝紅茶，各種集會活動均會準備茶水。

⑤ 習慣用手抓取食物送入口中。

三、禮俗禁忌

① 勿談與貧窮、龐大軍費及外援話題；男人不可與印度婦女握手、碰觸或單獨講話。

② 認為吹口哨是冒犯人的不禮貌行為。

③ 認為澡盆內的水是不流動的死水，若將小孩置於澡盆內洗澡將遭遇災難，所以是不人道行為。

④ 進入印度教的寺廟，身上不可有牛製品，包含：皮鞋、皮帶、皮包……等，因為印度教徒認為牛是神聖不可侵犯的。

⑤ 認為黑、白及灰代表消極，所以不喜歡這些顏色，也不喜歡玫瑰花。

⑥ 印度人民認為左手是汙穢的，所以傳遞東西、進食不可用左手，伸出左手代表對人汙辱，只能用右手。

⑦ 不可摸印度人小孩的頭。

• 印度生活禮儀

項目	禮俗
招呼與談話	▶ 將雙手舉至臉部高度行雙手合十禮。
拜訪或作客	▶ 穆斯林婦女不可見男賓客，但邀約印度人時仍需同時邀請夫妻。 ▶ 作客時可準備糖果、水果做為禮物，但婦女不一同聊天及吃飯。 ▶ 地位不同者，不可平起平坐。
進入寺廟	▶ 需脫鞋或租用鞋套，襪子可以不脫。 ▶ 進入錫克廟時，頭上需蓋上乾淨的布。
其他	▶ 常在「聖河—恆河」中沐浴，以洗刷罪過。 ▶ 喜愛數字3、7、9及較鮮豔的顏色。 ▶ 用搖頭或將頭向左偏一點又迅速回復原狀，來表示同意或贊同。

• 印度餐飲禮儀

項目	禮俗
肉類	▶ 多數人信奉印度教，視「牛」為聖獸，所以不吃牛肉。 ▶ 信奉伊斯蘭教的印度人不吃豬肉，不喝酒。
其他	▶ 60%以上在孟買的印度人為素食者。 ▶ 喜愛喝紅茶，各種集會活動均會準備茶水。 ▶ 用手抓取食物送入口中。

• 印度禮俗禁忌

項目	禮俗禁忌
話題與談話	▶ 避免貧窮、龐大軍費及外援話題。 ▶ 男人與印度婦女不可握手、碰觸或單獨講話。
忌用顏色	▶ 黑、白及灰代表消極；也不喜歡玫瑰花。
禁忌動作	▶ 吹口哨。 ▶ 身上帶牛製品。 ▶ 用左手。 ▶ 摸小孩的頭。 ▶ 用澡盆洗澡。

各國文化禮俗

UNIT 8-21 峇里島禮儀介紹及禁忌說明

各國文化禮俗

一、生活禮儀

1. 峇里島上的居民十分友善謙恭有禮，「微笑」為其特色，男女見面時行握手禮。

2. 至峇里島家中作客需脫鞋子，並將鞋子整齊擺在門階之下。

3. 峇里島為印尼唯一以印度教為主的島嶼，在峇里島上的每個商家，每天會在門口或側邊擺上一個用來祭神的小籃子狀供品盒。

4. 峇里島人一年過 5 次年，但是真正重要的節日為「寧靜日」，寧靜日當天所有人在家靜坐冥想、不生火、不進食、不外出、不開燈，連飛機都不能起降，只有住在飯店的旅客不受此限，但仍不得出門，因當地人非常忌諱。

5. 對於死亡並不害怕、難過，因為他們相信死亡只是輪迴，代表「新生」；在往火葬場的路上，抬棺的壯丁會將棺木繞三圈，象徵將亡者轉暈以免他們流連人世不願離開。死亡儀式以火葬為主，但是火化儀式有階級之分，象頭魚尾的怪獸代表平民，飛獅代表貴族及武士，而神牛則代表婆羅門階級。

6. 峇里島社會有嚴格的階級之分，由一個人的名字便可知道他是屬於祭司、貴族、武士還是平民。

二、餐飲禮儀

1. 飯前必須洗手。

2. 用餐時可以大聲嚼食物。

3. 在餐桌邊擦鼻涕則是不禮貌的行為。

三、服裝禮儀

1. 進入廟宇或是參加廟會慶典，需脫鞋並穿著有袖的上衣，沙龍或可蓋住膝蓋的長褲或裙子，但是一定要繫上腰帶。

2. 至政府單位洽公需要穿著有領子的襯衫及皮鞋。

四、禮俗禁忌

1. 與其他信奉印度教的國家一樣，認為左手是汙穢的，所以用左手傳遞東西或觸碰別人被視為是不禮貌的行為。

2. 同樣也不可碰觸峇里島人的頭。

3. 婦女在生理期期間則不可以進入寺廟中。

4. 至峇里島旅遊拍照需注意，不可以站在祭司或跪地祈禱者的前方，也不可以對著祭司用閃光燈拍照。

5. 依據習俗，一般民眾或旅客頭的高度，不可高於祭司或供品。

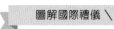

• 峇里島生活禮儀

項目	禮俗
招呼與談話	▶ 男女見面時行握手禮。
拜訪或作客	▶ 作客時需脫鞋子,並將鞋子整齊擺在門階之下。
其他	▶ 以印度教為主,商家每天在門口或側邊擺上供品盒。 ▶ 一年過五次年,但真正重要的節日為「寧靜日」。 ▶ 相信死亡只是輪迴,其代表著「新生」,死亡儀式以火葬為主。 ▶ 火化儀式有階級之分,象頭魚尾的怪獸代表平民,飛獅代表貴族及武士,神牛則代表婆羅門階級。 ▶ 社會有嚴格的階級之分,由名字可看出階級。

• 峇里島餐飲禮儀

項目	禮俗
重點	▶ 飯前洗手。 ▶ 吃東西時可發出聲音。 ▶ 不在餐桌邊擦鼻涕。

• 峇里島服裝禮儀

項目	禮俗
參加廟會慶典	▶ 脫鞋。 ▶ 著有袖上衣、沙龍、長褲或蓋住膝蓋的裙子;一定要繫腰帶。
洽公	▶ 需著襯衫及皮鞋。

• 峇里島禮俗禁忌

項目	禮俗禁忌
左手	▶ 汙穢的象徵。
頭	▶ 不可碰觸。
其他	▶ 女性生理期不可進入寺廟。 ▶ 不可在祭司或跪地祈禱者的前方拍照,也不可對祭司拍照。 ▶ 一般民眾或旅客的頭,不可高於祭司或供品。

各國文化禮俗

第 **9** 章 ／ 會議禮儀

會議為民主政治的產物，是一種制度，構成主持會議或參與會議的一部分，即形成一種表達意見的方式，對於會議禮儀規範研究，也愈形重要。因此，會議能力的培養不容忽視。

本章重點

UNIT 9-1 國際會議現場禮儀

選擇一個適合的場所對籌組會議單位是一項非常重要且責任重大的工作，會議活動場地的選擇，直接影響會議活動舉辦品質和成敗，這其中牽涉許多基本規格、經費預算、交通方便性、容納空間大小與參與人數量以及其他相關周邊考量。

一、選擇適合的會展場所基本考量

選址並及早預定大型國際會展活動場地或國際會議獲觀光局選定該國境內的大型國際會議中心。

二、場地考量

交通位置、預算、設備以及議題取向、國際會議性質、參與會展活動及國際會議者背景、政治及環境安全等，應參酌會議性質、參與人數，並應顧及環境寧靜、交通便利、光線、衛生等。

三、場地面積

參與會議人數及會議類型確定需要會場面積大小，會議中心或大型飯店設有大小不同會議場所供選擇。

四、確定會場的硬體設施

電腦網路、視聽設備軟硬體、放映機及投影器材等。至於會場的布置，更應配合會議的性質，透過設計作必要的布置。

會議禮儀

小博士解說

1. 語言的流利清晰、相關業務的熟悉都能增強會議的能力。
2. 發言的禮貌：發言應保持禮貌，乃現代民主國家公民應有的修養與風度，發言應就事論事，不得涉及私事。出席人如不願口頭發言，可用書面提請主席，依序交紀錄或祕書人員代為宣讀。
3. 凡事不能都是朝著順利的方面想，對於會議的準備、意外事件，事前都要設想週到而加以防備，不致臨時驚慌失措。
4. 與會者於對發言人的意見不滿時，不可吹口哨、鼓掌、喧嘩起哄，因為這些行為極其失禮。對提問人的批評和意見應認真聽取，即使提問者的批評是錯誤的，也不應失態。

• 籌辦會議

確定場地的硬體設施

• 會議能力

語言流利清晰

• 會議準備

凡事不能朝著順利方向想

UNIT **9-2** 會議環境設計

　　國際會議會場布置具體形式，應根據會議性質、內容、規格、人數、和參與主辦單位要求而確定。

一、會場布置原則

① 大會會場布置：主席臺須放口譯設備裝置，呈橫一字型排列。
② 舞臺後方懸掛大會標誌會旗、與會會員國旗。
③ 主席臺一側設置同步翻譯間。
④ 會議布置一定要合乎主題。
⑤ 會議設計要人性化，根據會議人數多寡安排座位。
⑥ 指示路標應明確清楚。
⑦ 人數多時，會議桌組成方形或馬蹄形。
⑧ 保留記錄者的位置。

二、會議場地規劃

① 具有國際會議場地及設施之飯店、會議中心或機關學校等地。
② 視需要考量是否須具有主會場（含開會區、同步翻譯區、媒體採訪區、會場內工作區等場區之規劃安排）、記者招待室、貴賓休息室及大會祕書處（需含電腦、傳真機及影印機等）、工作人員休息區及與會人員停車場地。
③ 會議期間包含會議場地及會後旅遊安全規劃，須考量是否請專業保全公司執行保安計畫，並應編制危機處理小組處理臨時事故。
④ 提供同步翻譯相關設備，設置會場內外網路線、桌椅、座位、飲水及會議簡報時所需電腦相關設備。
⑤ 會議視聽設備使用規劃及安排。

小博士解說

會議場地之規劃及布置準備，應注意事項如下：
1. 會議期間應為與會人員及工作人員投保適當金額之公共意外責任險，並視需要設置簡易醫療服務處。
2. 有關會議識別證製作、提供與會人員紀念品、會議物品之搬運與管理、會議文件彙整、製作及會議報告之撰寫等事項之辦理及分工，應於規劃辦理會議時一併考量。
3. 安排宴會活動應規劃餐宴形式、演出團體之聯繫規劃、現場流程掌控宴、座位安排、桌次表及接待人員引導。

● 會場布置原則

人數多時，會議桌組成方形或馬蹄形

● 會議場地規劃

意思是……

翻譯

提供翻譯

1@#$%^&*! …………©$%#

● 會議場地規劃

醫護站

會議期間設置簡易醫療服務處

UNIT 9-3 會議安全和保密服務

　　會議的安全和保密服務是各式各樣會議管理中十分重要的一環，會議安全維護不只是要掌握所有與會者在開會期間的人身安全。同時，在發生緊急狀況時更可以做最緊急的危機處理。服務內容：

一、會場安全

　　會場安全服務是現場工作人員在會議前的會場安全檢查任務之一，尤其，是與會人員攜帶的貴重物品、文件和收費現金款項等，現場服務人員應提供代為保管和代存服務，防止現場有扒手或宵小盯哨，而造成意外事件發生。

二、會議保密服務

　　有些會議是需要保密的，除了重要人士出席或文件需要保密外，會議中討論文件，包括草案、討論稿、決策方案等都是不能對外透露或公開發表的，這種會議一般是不能讓媒體記者參加。因此，現場接待服務人員務必要嚴防媒體記者滲透，以免造成新聞事件曝光，而惹出大風波。

三、會議的其他服務

　　茶水服務：會議開始前應做好茶水飲料準備，茶包、咖啡包、糖包、茶杯、熱水瓶、開飲機等等，以及配合茶水咖啡的點心、飲品應該準備妥當。

會議禮儀

小博士解說

　　會議，又稱集會或聚會。在現代社會裡，它是人們從事各類有組織的活動的一種重要方式。在一般情況下，會議是指有領導、有組織地使人們聚集在一起，對某些議題進行商議或討論的集會。

　　在會展商務中，會議通常發揮極其重要的作用：它不僅是實現決策民主化、科學化的必要手段，也是實施有效領導、有效管理、有效經營的重要工具；同時更是貫徹決策、溝通資訊、協調行動的有效方法；當然它更是在短短會展活動中，接觸、認識朋友的重要場合。

• 會場安全服務

現場工作人員在會議前須執行會場安全檢查

• 會議保密服務

有些會議需要保密，嚴防媒體記者滲透

• 茶水服務

會議開始前應準備茶水飲料

UNIT 9-4 會前服務禮儀

一、報到簽到服務禮儀

❶ 會議報到及簽到是參加會議者最重要的一個流程,各種會議舉行通常會在入口處設置報到或簽到處。

❷ 負責登記報到處工作人員必須提早 20-30 分鐘到場準備服務事項。

❸ 大型會議或展覽,簽到就是一項複雜的任務,會展服務接待員需要更細心的服務。

❹ 由於大型商務會議或學術研討會參加人員較多且來自世界各地,參加大型會議的主要來賓還需要幫忙食宿安排事宜,通常,大型國際會議常常是把簽到與食宿安排結合再一起處理。

二、接待貴賓服務禮儀

❶ 接待參與會議的來賓,事前需要縝密規劃準備。

❷ 接待者最好是主辦單位負責人或活動主人,若因主人或主辦人分身乏術,需派代表去迎接時,最好先跟對方說明打招呼,向客人禮貌說明。

❸ 客人身分特殊,可考慮使用貴賓證,進入機場內,在空橋出口處迎接。

❹ 確認迎接外賓無誤後,應自我介紹,並致歡迎之意。

❺ 一般而言,飯店或旅館都會提供當地地圖或旅遊圖、名勝古蹟等介紹資料,但是主辦單位可以體貼一些先把有關住宿飯店的服務設施,以及未來幾天的行程計畫公告給與會者。

❻ 在基本環境介紹後,必須要考慮到外賓一路旅途勞頓,應該讓客人提早入房間或稍作休息。

小博士解說

1. 會議前一週內,務必以電話或電子郵件 再次提醒與會人員務必參加,或作好再次確認。
2. 若是國際會議亦可告知當地的氣候狀況給與會者參考。

• 報到簽到禮儀

在入口處設置報到或簽到處

• 接待貴賓禮儀

進入機場內，在空橋出口處迎接貴賓

• 接待貴賓禮儀

城市天氣
＋
開會時間
＋
地點

事前提供當地氣候給與會者參考

UNIT 9-5 會議就座禮儀

　　一般來說受到邀請參加一個排定座位的會議，最好等待被引導就座。通常會議主席坐在離會議門口最遠的桌子末端，主席兩邊是為參加公司會議客人和拜訪者座位，或給高級管理人員、助理坐的。

一、就座禮儀

① 受邀請參加一個已排座位的會議，最好等待將自己引導到座位上去。

② 會議主席坐在離會議門口最遠的桌子末端。

③ 主席兩邊是參加公司會議的客人和拜訪者的座位，或是給高級管理人員、助理坐的，協助主席分發有關資料、接受指示或完成主席在會議中所需的事情。

④ 如果會議中有很特殊的規定，例如：從其他國家來的公司代表，座位包括那間公司的高級代表，坐在長會議桌的中間，公司的高級管理人員坐在他們的對面，在自己的身邊坐著自己公司的職員，而會議桌的兩側空著。

⑤ 通常客人坐在面對門口的座位上。

⑥ 座位次序的安排不需像正式宴會上男女交叉著坐那樣安排，但業務會議還是要以主客與來賓間隔就座的方式接待。

⑦ 參加國際會議時，切記不能遲到或過早入席，必須在會議規定時間前 10 分鐘內抵達會場，並且坐在大會為你準備的座位。

⑧ 不論到哪一國參加會議，一定要穿大會規定的服裝。一般國際會議邀請卡的右下角，都會註明 dress code，如果標明正式服裝（formal），女士要穿裙襬及地的禮服，男士要穿燕尾服、蕾絲緹花襯衫加小領結。

小博士解說

1. 若是已排定座位的會議，切勿自行調換座位，造成其他與會人的不便。
2. 茶水務必加蓋，以免翻倒。
3. 會議中切勿交頭接耳，影響他人聆聽。
4. 會議期間要嚴格遵守議事規則，未經主持人允許不可主動發言。

會議禮儀

• 就座禮儀

等待接待人員引導至座位上

• 服裝規定

女士要穿裙襬及地的禮服　　　　男士要穿燕尾服

• 會議中禮儀

會議中勿交頭接耳，影響到他人

UNIT 9-6 會議工作禮儀

　　會議是人類社會的一種社交、公關、政治、意見交流、訊息傳播及溝通的活動，它是以互動式、尋求共識、解決問題的正式途徑。會議是一種社會科學，也是一種人文藝術，會議成功與否，取決於主辦單位的前置作業及與會者之互動。

　　任何一個會議的舉行，都是由來自不同地區的人聚集在一起，就某種特別任務而召開。

應邀參加或被指派參加會議者，應該注意及遵守的會議工作禮儀如下：

① 準時到會，遵守會議紀律。

② 開會時要尊重會議主持人和發言人。

③ 當別人講話時，應認真傾聽，可以準備紙筆記錄下與自己工作相關的內容與要求。

④ 不要在別人發言時說話、隨意走動、打哈欠等，這是失禮的行為。

⑤ 會中盡量不離開會場，如果必須離開，要輕手輕腳，盡量不影響發言者和其他與會者，如果長時間離開或提前退場，應與會議組織者打招呼，說明理由，徵求同意後再離開。

⑥ 開會過程中，如果有討論，最好選擇自己可以表達意見、看法的問題，不要保持沉默，否則會讓人覺得你對會議或工作漠不關心。

⑦ 想要發言時，用手或目光向主持人示意或直接提出要求。

⑧ 發言應簡明、清楚、有條理，實事求是。

⑨ 欲反駁別人時，應等待別人講完再闡述自己的見解，別人反駁自己時要虛心聽取，不要急於爭辯。

⑩ 服從多數且要尊重少數。

會議禮儀

小博士解說

工作人員禮儀：

1. 事先排定報告人或後補人順序。

2. 向報告人通報會議進行情況。

3. 對報告人要以禮相待，事前應提供充分資訊供報告人掌握狀況。

4. 注意現場、與會人員與報告人之間的「互動」關係。

• 會議工作禮儀

• 會議工作禮儀

要發言時，用手提出要求

• 會議工作禮儀

尊重少數

UNIT 9-7 會議發言人的禮儀

一、會議發言

有正式發言和自由發言兩種,前者是主席報告,後者是討論發言。

1. 正式發言者,應衣冠整齊,走上主席臺,步態自然,剛勁有力,體現一種成竹在胸、自信自強的風度與氣質。

2. 發言時應口齒清晰、講究邏輯、簡明扼要。

3. 如果是書面發言,要時常抬頭掃視一下會場,不能低頭讀稿,旁若無人。

4. 發言完畢,應對聽眾的傾聽表示謝意。

5. 自由發言則較隨意,但要注意:發言應講究順序和秩序,不能爭搶發言。

6. 發言應簡短,觀點應明確。

7. 與他人有分歧,應以理服人,態度平和,聽從主持人的指揮,不能只顧自己。

二、國際會議現場禮儀

1. 報到簽到服務禮儀:報到及簽到是參加會議者最重要的第一個動作。各種會議舉行通常會在入口處設置報到或簽到處。

2. 負責登記報到處工作人員必須提早 20-30 分鐘到場準備服務事項。接待人員需再報到處旁站好,面帶笑容,當與會者抵達會場時應主動前往熱情歡迎問後,並詳細指導與會者幫忙他們辦理報到手續,協助領取證件、入場券以及紀念品等事宜。

3. 由於大型商務會議或學術研討會參加人員較多且來自世界各地,尤其是需要在大會中發表論文或專題演講者,通常都有準備好講義或投影片檔案提供給主辦單位印製或播放。
   在接待處的工作人員就要立刻先行接收並立刻處理,而不致影響到出席貴賓檔期資料的準備及發放,避免影響會議正常進行程序。

會議禮儀

• 會議發言

發表完畢應對觀眾表示謝意

• 國際會議現場禮儀

參加會議者先在入口處報到及簽到

• 國際會議現場禮儀

工作人員先接收演講者準備的資料

UNIT 9-8 論壇的組織與禮儀

　　論壇是近年來盛行的會議形式，這種會議有非常明確的主題，這種主題可以單一也可以多樣性組合。民主的意義，著重於「參與」，使個人對自己生活相關事情，能有發言機會，故只有在大眾受到尊重，提供機會讓每個人表達意見，民主才能透過「參與」真正實現。

一、籌備論壇舉行須注意下列事項

　　(1) 確定論壇主題和演講人；(2) 控制論壇規模；(3) 營造暢所欲言的環境氣氛；(4) 論壇的宣傳要全面客觀。

二、參與禮儀

　　(1) 激勵會員使能充分參加討論；(2) 使討論不離本題；(3) 控制討論的進度；(4) 增進會場的和諧氣氛，使個人權利受到尊重；(5) 使會員更加提高參與會議之興趣；(6) 避免被少數人所把持操縱。

三、表決禮儀

❶ 選人時「先提名先表決」；決定事情時「先提名後表決」。

❷ 依據內政部的解釋，「會議規範」既不是命令，也不是準則或規則，而僅是一種「規範」，人民團體需經由章則或決議始得作為該團體議事程序的法源之一。會議規範並不當然是議事之準則，許多機關皆有屬於自己內部議事所用的準則，通常稱為「規則」。

小博士解說

討論的原則：

1. 「臨時討論一動議」的原則：就是在同一時間之內只討論一個問題，在一個動議未經討論完畢，提付表決以前，不得另將其他動議提出討論。
2. 「充分與自由討論」原則：即出席人的討論權，不受任何不當的限制。主席對於出席人所提發言討論的要求，只要合乎秩序，不得任意拒絕；出席人在參與討論時，除因違反議事規則，得由主席主動，或經其他出席人請求主席，予以糾正制止外，任何人不得加以阻撓。
3. 「服從多數」的原則：少數服從多數，多數決定一切，為民主政治的重要原則。
4. 「尊重少數意見」的原則：民主政治中，少數應服從多數，而多數也應尊重少數的意見。

• 籌備論壇

• 參與禮儀

符合主題

不離題

注意進度

激勵會員一
同參與討論

• 表決禮儀

選人時，先提名先表決
選事時，先提名後表決

UNIT 9-9 會議主持人禮儀

　　各種會議的主持人，要以職務較高者擔任。而主持人的禮儀對會議能否順利進行及圓滿成功有很關鍵性重要影響。

① 主持人應衣著整潔，大方莊重，精神飽滿，切勿不修邊幅，邋邋遢遢。

② 走上主席臺時，步伐應穩健有力。

③ 入席後，如果是站立主持，應雙腿併攏，腰背挺直。

④ 持稿時，右手持稿的底中部，左手五指併攏自然下垂。

⑤ 雙手持稿時，應與胸齊高。

⑥ 坐姿主持時，應身體挺直，雙臂前伸。

⑦ 兩手輕按於桌沿，主持過程中，應注意非語言肢體語言，如：搔頭、揉眼、抖腳及不自覺玩弄原子筆或講稿等動作均應避免。

⑧ 主持人言談應口齒清楚，思維敏捷，簡明扼要。

⑨ 主持人應根據會議性質調節會議氣氛，或莊重，或幽默，或沉穩，或活潑。

⑩ 對報告人要以禮相待，注意「對話」、「互動」。

小博士解說

提供高品質的服務：

1. 辦理國際會議之宣傳宜著重整合媒體資源，並於短期內達到最大宣傳行銷效益，避免流於空洞的文字及單純的概念敘述。規劃宣傳作業應包含文宣管道、宣傳方式、宣傳內容及宣傳時間等內容。

2. 會議期間提供住宿飯店往返會議會場、宴會會場及城市旅遊等接送事宜。

3. 辦理國際會議如有規劃旅遊之必要，應事先安排交通工具、門票、保險、茶點及英文導遊等事宜。

• 會議主持人

1. 衣著整潔
2. 大方莊重
3. 精神飽滿

• 持稿方式

雙手持稿時，應與胸同寬

• 與報告人互動

謝謝主持人

謝謝××小姐來為我們演說…

會議禮儀

UNIT 9-10 會議結束後禮儀

一、參加會議的與會者，因會議型態不同而有不同組合

1 貴賓或主管單位代表。

2 以官方代表或最高層及社團代表，或是理監事會代表等等。

3 一般參加會議者。

4 參與會議代表的助理、祕書或眷屬朋友等。

二、會議結束後的禮儀

1 協助與會者順利返程：為了順利進行與會者返程工作，在會議期間，工作人員就應該要深入了解每一位國外或外地與會者返程機票或車票預訂時間，提前向航空公司或火車站確認回程機位或協助購買機票或車票。並與每一位來賓再次確認或將機票、車票送到當事人手上確認費用收取無誤。

2 協助安排外賓與會者接送車輛與人員。

3 一般大型會議在會後會安排合影留念，要安排專業攝影人員或指派工作人員協助處理，如果與會來賓希望能索取合影相片可請對方留下聯絡方式，以便利用電子郵件寄發。

4 會議結束後，盡量於當天整理會議紀錄及後續會議事項追蹤。

5 結清費用：許多國際會議來賓在會議結束後，馬上要趕飛機或火車返程，工作人員要協助與會者在住宿或其他費用的結清。

6 儘速清理會場。

7 儘快寫致謝函：大型會議活動結束後，主辦單位負責人要親自寫致謝函致謝。致謝方式有分親自登門致謝、電話致謝及郵寄謝函等方式，現今網路發達只要以電子郵件寫致謝函是最快速便捷方法。

會議禮儀

• 會議結束後禮儀

安排外賓的接送車輛與人員

• 會議結束後禮儀

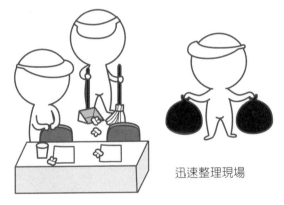

迅速整理現場

• 會議結束後禮儀

儘快寫致謝函

會議禮儀

國家圖書館出版品預行編目資料

圖解國際禮儀／黃淑敏，林秋卿編著. ――初
　　版.――臺北市：五南圖書出版股份有限公
　　司，2014.10
　　面；　公分
　　ISBN 978-957-11-7855-4（平裝）
　1.國際禮儀
530　　　　　　　　　　　103019293

1045

圖解國際禮儀

作　　　者 ― 黃淑敏、林秋卿

發 行 人 ― 楊榮川

總 經 理 ― 楊士清

總 編 輯 ― 楊秀麗

主　　　編 ― 李貴年

編　　　輯 ― 溫小瑩

封面設計 ― 吳佳臻

出 版 者 ― 五南圖書出版股份有限公司

地　　　址：106台北市大安區和平東路二段339號4樓

電　　　話：(02)2705-5066　　傳　　真：(02)2706-6100

網　　　址：https://www.wunan.com.tw

總 經 銷：文字復興有限公司

電子郵件：chiefed7@wunan.com.tw

劃撥帳號：19628053

戶　　　名：文字復興有限公司

法律顧問　林勝安律師事務所　林勝安律師

出版日期　2014年10月初版一刷
　　　　　2021年 8 月初版四刷

定　　　價　新臺幣250元

經典永恆・名著常在

五十週年的獻禮 —— 經典名著文庫

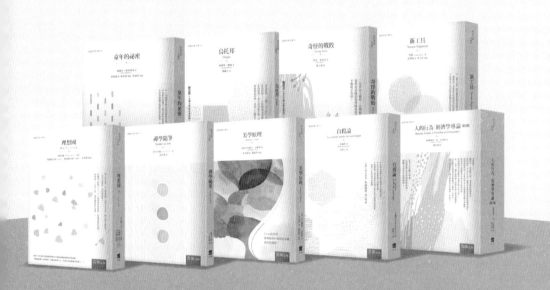

五南,五十年了,半個世紀,人生旅程的一大半,走過來了。

思索著,邁向百年的未來歷程,能為知識界、文化學術界作些什麼?

在速食文化的生態下,有什麼值得讓人雋永品味的?

歷代經典・當今名著,經過時間的洗禮,千錘百鍊,流傳至今,光芒耀人;

不僅使我們能領悟前人的智慧,同時也增深加廣我們思考的深度與視野。

我們決心投入巨資,有計畫的系統梳選,成立「經典名著文庫」,

希望收入古今中外思想性的、充滿睿智與獨見的經典、名著。

這是一項理想性的、永續性的巨大出版工程。

不在意讀者的眾寡,只考慮它的學術價值,力求完整展現先哲思想的軌跡;

為知識界開啟一片智慧之窗,營造一座百花綻放的世界文明公園,

任君遨遊、取菁吸蜜、嘉惠學子!